总体国家安全观系列丛书

教育与国家安全

Education and National Security

总体国家安全观研究中心
中国现代国际关系研究院 著

时事出版社
北京

主　编

倪建军

副主编

韩立群

撰稿人

倪建军　韩立群　张　旭

程宏亮　骆永昆　陈　璐

李　环　王　蒙　陈　宇

徐永智　杨　芳　张书剑

徐　刚　陈　阳　刘建飞

总体国家安全观
系列丛书

《教育与国家安全》
分册

总　序

总序

2024年是习近平总书记创造性地提出总体国家安全观十周年，2025年是全民国家安全教育日设立的第十个年头，也是《中华人民共和国国家安全法》颁布施行十周年。总体国家安全观研究中心用两年时间在前两辑基础上推出了“总体国家安全观系列丛书”的第三辑。

“春华秋实，十年有成。”总体国家安全观的创立，使我们党和国家首次有了自己的国家安全指导思想，为新时代国家安全工作提供了强大思想武器。在总体国家安全观指导下，我国十年来不断健全国家安全体系，增强维护国家安全能力，提高公共安全治理水平，完善社会治理体系，战胜了一系列国家安全风险和挑战，巩固夯实了国家安全基础，实现了高质量发展和高水平安全的良性互动，有力护航了中国式现代化建设进程。国家安全事业开创了新局面，取得了历史性伟大成就，走出了一条有中国特色的国家安全道路。

但是，也要清醒地看到，今天的世界越来越不太平了。俄乌冲突硝烟难去，巴以冲突制造了人类新悲剧，大国关系失衡失稳的风险明显加剧，世界局势因此更乱而非更稳了。世界之变、时代之变、历史之变以前所未有的方式加速展开，人类又一次站在何去何从的十字路口。对我国而言，这意味着外部环境的复杂性、严峻性、不确定性明显上升，维护国家安全的任务更重了。维护国家安全，除党政部门要承担主责主业外，更需要全民全社会的理解、支持和参与，所以普及国家安全知识就成为一项常做常新的重要工作。

“二年长枝叶，三年桃有花，四年果盈枝。”总体国家安全观研究中心成立迄今已四年。这四年来，在领导的关怀和相关部门支持下，中心始终坚持总体国家安全观的“理论高地”“宣传阵地”“人才基地”定位，统筹推进国家安全理论研究、战略研究和思想宣传。尤其依托中心秘书处所在的中国现代国际关系研究院，发挥“国家安全学”一级学科和《国家安全研究》双月刊作用，持续推进国家安全研究工作，努力引领中国国家安全理论和战略研究，不断加大国家安全理论和知识的普及工作力度。

为能让“国家安全”这一在过去主要由政治家和战略家操心的“堂前燕”尽快飞入“寻常百姓家”，我们在2021年推出了丛书的第一辑:《地理与国家安全》《历史与国家安全》《文化与国家安全》《生物与国家安全》《大国兴衰与国家安全》《百年变局与国家安全》，通过宏大的视野、厚重的内容、鲜活的语言，成功地把“国家安全”送到了普通读者的面前，并收获了满满的好评。

2022年，在对国家安全领域拓展研究的基础上，我们再接再厉推出了同样热销的第二辑丛书:《人口与国家安全》《气候变化与国家安全》《网络与国家安全》《金融与国家安全》《资源能源与国家安全》《新疆域与国家安全》。这辑丛书主打“尽精微”，从上述六大问题入手，既深入浅出介绍了与日常生活密切相关的国家安全问题，同时还涉及新兴领域问题，使读者对国家安全的认识进一步扩大和深化。

2023年，作为总体国家安全观最新最全的研究成果，我们推出了重磅著作《总体国家安全观透视》，从历史的维度、全球的高度、哲学的深度、实践的力度四大视角，对总体国家安全观进行了全方位深入阐述，同时辅以非常鲜活的历史和现实案例。该书甫一出版就成为很多领导干部的案头书，也是很多普通读者的喜读之书，收获了各界非常良好的反响。

“风雨将春去，清和四月天”，转眼就经历2024年和2025年这样有重大意义的特殊年份。为纪念总体国家安全观创立十周年和第十个全民国家安全教育日，接续推出这套同样是基于最新研究成果、同样是六册、同样是涵盖国内外实践，但聚焦不同领域问题的第三辑“总体国家安全观系列丛书”。

其中，《法治与国家安全》一书，秉持“法者，国仰以安”理念，以“法律是治国之重器”为主线，较全面介绍了法治在古今中外对国家治理、国际博弈和维护国家安全的实践和重大意义。这对我们深刻理解“坚持全面依法治国”和法治与国家安全的关系有重要帮助。

《教育与国家安全》一书，以“教育强则国家强”为主线，既分析了教育与国家富强和国家安全之间的联系，又介绍了当今几个主要国家基于各自实际情况，用教育服务国家建设和国家安全的案例，为我们取长补短提供借鉴。

《军事与国家安全》一书，从包括孙子的“兵者，国之大事”在内的军事战略文化开始，到影响军事手段效能的技术手段和战术思想变革、军事安全的社会属性和时代特征，最后落脚到我国如何通过强军去强国，深入浅出地介绍了军事安全这一国家安全的重要组成部分。

《海外利益与国家安全》一书，针对的是我国已深度融入世界，海外利益遍布全球，“海外中国”快速崛起并成为我国家安全重要组成部分的实际情况，梳理介绍了在不同时代的不同国家，如何看待、拓展和保护海外利益的情况。这对我们认识和维护海外利益具有一定参考价值。

《数据与国家安全》一书，围绕在信息化时代已全方位涉及日常生活、工作和学习，以及几乎所有国家的政治、经济、军事等各领域的“数据”这一关键要素，全景式介绍了与数据相关的国家安全和国际博弈问题，以及当下主要国家和地区就构建数据安全、主导权甚至霸权展开的战略布局和具体做法。

《舆论与国家安全》一书，针对的是在当今国际政治中“假消息”横行、“认知战”泛滥的现实，从解构“何为舆论”入手，从国家安全的视角，基于历史和现实解剖了舆论对国家兴衰、社会治理、国际斗争、大国争霸等的重要作用和影响，强调了维护舆论安全对国家安全的重要性。

时光荏苒，岁月如梭。我们对中国国家安全理论的研究永远在路上，对国家安全理念的推广永远在路上。我们期待这辑丛书能像以往那样，继续获得大家的青睐，同时帮助读者加深对国家安全的认识和理解，继而转化为维护国家安全的自觉行动。最后，让我们携手，共同致力于维护国家安全，共同致力于实现中国式现代化这一奋斗蓝图。国安，天下安！

是为序。

总体国家安全观研究中心

中国现代国际关系研究院

前　言

教育是强国建设、民族复兴之基。习近平总书记指出，教育是民族振兴、社会进步的重要基石，是功在当代、利在千秋的德政工程，对提高人民综合素质、促进人的全面发展、增强中华民族创新创造活力、实现中华民族伟大复兴具有决定性意义。当前，世界百年未有之大变局加速演进，中华民族伟大复兴进入不可逆转的历史进程。党的二十大报告明确了新时代新征程党和国家所处的历史方位，对以中国式现代化全面推进中华民族伟大复兴作出一系列重大部署。推动经济社会发展、提高综合国力和国际竞争力，归根结底要靠教育、靠人才。服务中华民族伟大复兴也成为了我国教育事业的重要使命。同时，党中央统筹发展和安全，优化完善国家安全教育整体布局、机制建设和工作推进，国家安全教育取得了一系列重大成就，全社会对总体国家安全观的理解和认识大幅提升，成为以新安全格局保障新发展格局战略中的亮点。

2014 年 4 月 15 日，习近平总书记创造性提出总体国家安全观，为新时代做好国家安全工作提供了根本遵循，也为我们研究教育与国家安全的关系提供了定盘星和指南针。国家安全包括了政治安全、经济安全、文化安全、科技安全、生态安全、军事安全等诸多领域，而教育毫无例外地影响着这些领域的各个方面。习近平总书记在2016年首个全民国家安全教育日之际作出重要指示，强调要以设立全民国家安全教育日为契机，以总体国家安全观为指导，全面实施国家安全法，深入开展国家安全宣传教育，切实增强全民国家安全意识。可以说，在百年变局的背景下，加强国家安全教育是应对当前复杂内外形势的需要，是贯彻以人民安全为宗旨的体现，也是落实统筹发展与安全的要求。

“国势之强由于人，人材之成出于学。”从家庭到学校，从社区到社会，国家安全教育应贯穿始终、无处不在、润物无声。在家庭中加强国家安全教育，就是要培育爱家人、爱家庭的朴素家国情感，将一根红线贯穿一生，把“人生第一粒扣子”扣好；在校园里加强国家安全教育，就是要着眼于家国天下，以凝心聚魂的国家安全教育教材体系为抓手，发挥教师这一国家安全“引路人”的作用，将红色基因厚植于育人全过程，点燃“接班人”的思想火炬；在社会中加强国家安全教育，就是要不断丰富覆盖全民的、灵活多样的国家安全教育内容和形式，让所有人参与其中，推动全社会形成维护国家安全的强大合力，把国家安全的社会基础夯实夯牢，切实防范化解各类安全风险，不断提高人民群众的安全感、幸福感。

当前，各地倾力打造的诸多面向公众的国家安全教育示范基地就是很好的“大讲堂”，不少优质文化传播单位出版的各类通俗易懂、深入浅出的国家安全主题读物和音像制品就是很好的“教科书”。有了这些丰富的“食材”，社会公众就会越来越容易地品尝到国家安全教育的“满汉全席”。

“三人行，必有我师焉。”综观寰宇列国，其教育各具特色，各有所长。美国教育强调崇尚自由，鼓励创新，强调个性；英国教育尊重传统，重视规则，侧重精英培养；俄罗斯教育突出爱国主义，推崇尚武精神；日本教育讲究集体主义，注重防灾教育和实践能力；印度教育在包容多样性的基础上努力推动去殖民化，塑造民族与国家认同。中国要想博采众长，办好人民满意的教育，必须要正视他国，“择其善者而从之，其不善者而改之”，更要审视自己，“见贤思齐焉，见不贤而内自省也”，如此才能不断改进我们的教育，“苟日新，日日新，又日新”。同时，我们要认识到，这些国家教育特点的形成既是对各自发展实践的经验总结，也不乏受本国文化传统和历史、地理因素的影响。在对外借鉴中，中国教育既不能走生搬硬套、盲目模仿的机械教条之路，也不能走浅尝辄止、因噎废食的保守封闭之路；既要有壮士断腕、刀刃向内的自我革命精神，也要有因地制宜、随机应变的活学活用能力。

本书以总体国家安全观为指导，聚焦教育与国家安全主线，共分十章，远溯历史长河中教育与国家兴亡千丝万缕的关系，近探新时代国家安全教育体系的发展历程。在总结中国特色国家安全教育的基础上，放眼全球，为读者呈现美国、俄罗斯、日本、英国、印度等国的国家安全教育理念与实践的是非成败。全书在力求学术性、逻辑性的同时，选取有代表性的古今中外案例，生动展现教育与国家安全的相互影响，以期为读者提供有益参考。

《教育与国家安全》课题组

目　录

1

第一章

教育强则国家强

习近平总书记深刻指出，教育是民族振兴、社会进步的重要基石，是功在当代、利在千秋的德政工程，对提高人民综合素质、促进人的全面发展、增强中华民族创新创造活力、实现中华民族伟大复兴具有决定性意义。开展国家安全教育是教育事业的一项重要工作，对于提升全民国家安全意识和素养，动员全党全社会共同努力、共同维护国家安全具有重要意义。党的十八大以来，党中央坚持把教育摆在优先发展的战略位置，统筹发展和安全，优化完善国家安全教育宏观设计、机制建设和工作推进，国家安全教育取得了一系列重大成就，全社会国家安全意识大幅提升，成为以新安全格局保障新发展格局战略中的突出亮点。

国之大计、党之大计

教育是每个人发展的基本权利，肩负着立德树人、培养革命接班人的神圣使命，是国家强盛的基础和前提。教育强则国强，教育不兴则难言国泰民安，亦难言红色江山根基安稳。

总体国家安全观要求，坚持人民安全、政治安全、国家利益至上的有机统一，实现人民安居乐业、党的长期执政、国家长治久安。落实到教育领域，则是要实现教育强国、立德树人、教育为民三者有机统一。

实现中国梦，归根到底靠人才靠教育

建设教育强国，实现教育现代化，是全面建设社会主义现代化国家、实现中华民族伟大复兴的必然要求。党的二十大报告指出，教育、科技、人才是全面建设社会主义现代化国家的基础性、战略性支撑。必须坚持科技是第一生产力、人才是第一资源、创新是第一动力，深入实施科教兴国战略、人才强国战略、创新驱动发展战略，开辟发展新领域新赛道，不断塑造发展新动能新优势。教育、科技、人才三者并列，教育排在第一位。党的

二十大报告还指出要坚持教育优先发展、科技自立自强、人才引领驱动，加快建设教育强国、科技强国、人才强国，坚持为党育人、为国育才，全面提高人才自主培养质量，着力造就拔尖创新人才，聚天下英才而用之。

我国一贯重视发展教育，新中国成立 70 余年来，我国教育取得举世瞩目的成就：收回完整的教育主权，取得完全的教育独立；消除了数量巨大的文盲，改变了旧中国教育落后的状况；赋予了广大人民受教育的权利，建成世界最大规模的教育体系，为社会主义国家不同时期的建设培养了各类人才。新中国成立初期，4.5 亿人口中 80% 以上是文盲，学龄儿童入学率只有 20%，

1949 年全国接受高等教育的在校生人数只有 11.7 万人。建国 70 周年前后，九年义务教育已全面普及，学前教育毛入园率达到 81.7%，小学学龄儿童净入学率达到 99.95%，高中阶段毛入学率达到 88.8%，高等教育毛入学率达到 48.1%，各级教育普及程度均达到或超过中高收入国家平均水平。

进入新时代，党和国家加快推进教育现代化，取得历史性成就。2012—2022 年，教育普及水平实现历史性跨越，更好保障了人民有受教育的权利，有效缓解了群众急难愁盼问题。各级教育普及程度持续提升，其中学前教育、义务教育达到世界高收入国家平均水平，高等教育进入普及化阶段。高等教育毛入学率 57.8%，比 10 年前提高 27.8 个百分点。10 年来，教育服务能力稳步提升，为国家重大战略实施和经济社会发展提供了强大的人才和智力支撑。全国拥有大学文化程度的人口超过 2.18 亿人，比 10 年前大幅增长。10 年来，教育改革开放持续深化，服务全民终身学习的教育体系进一步完善。国家财政性教育经费投入占国内生产总值（GDP）比例连续 10 年保持在 4% 以上。同时，国家大力推进教育改革创新，重塑教育生态。

党的二十大正式开启全面建设社会主义现代化国家新征程，中国教育也迎来新的使命任务。根据中共中央、国务院印发的《中国教育现代化 2035》，到 2035 年，将总体实现教育现代化，迈入教育强国行列，推动我国成为学习大国、人力资源强国和人才强国，为到21世纪中叶建成富强民主文明和谐美丽的社会主义现代化强国奠定坚实基础。2035年我国教育主要发展目标是：建成服务全民终身学习的现代教育体系、普及有质量的学前教育、实现优质均衡的义务教育、全面普及高中阶段教育、职业教育服务能力显著提升、高等教育竞争力明显提升、残疾儿童少年享有适合的教育、形成全社会共同参与的教育治理新格局。

立德树人、为党育人是教育之本

教育的首要问题是培养什么样的人，教育的根本任务是立德树人。树人是核心，立德是根本；对于社会主义中国来说，立德树人的关键和首要是培养理想信念和爱国情怀。培养什么人、怎样培养人、为谁培养人是教育的根本问题。习近平总书记深刻指出，培养什么人，是教育的首要问题。我国是中国共产党领导的社会主义国家，这就决定了我们的教育必须把培养社会主义建设者和接班人作为根本任务，培养一代又一代拥护中国共产党领导和我国社会主义制度、立志为中国特色社会主义奋斗终身的有用人才。这是教育工作的根本任务，也是教育现代化的方向目标。

新时代立德树人内涵丰富。新时代新形势下，党和国家对社会主义建设者和接班人的要求是什么？答案是德才兼备，既要有高尚品德，又要有真才实学。“才者，德之资也；德者，才之帅也。”人才培养本来就是育人和育才相统一的过程。具体而言，我们培养的人，必须树立共产主义远大理想和中国特色社会主义共同理想；必须具有爱国情怀，时刻不忘自己是中国人；必须坚持立德为先、修身为本；必须具有丰富学识、真知灼见、世界眼光；必须树立高远志向，具有勇于奋斗精神；必须具备德智体美劳综合素质，全面发展。在“六个必须”要求中，培养理想信念和爱国情怀又是重中之重，是立德树人的首要和关键任务。

我们党历来高度重视立德树人工作。党的十七大确立“坚持育人为本、德育为先”，党的十八大提出“把立德树人作为教育的根本任务”，党的十九大提出“落实立德树人根本任务”，党的二十大强调“育人的根本在于立德。全面贯彻党的教育方针，落实立德树人根本任务”。立德树人的重要地位不断凸显。习近平总书记强调，立德树人是中国特色社会主义教育事业的根本任务。学校办学要始终牢记为党育人的初心，坚定为国育才的立场，以树人为核心、以立德为根本，培育和践行社会主义核心价值观，努力培养担当民族复兴大任的时代新人，培养德智体美劳全面发展的社会主义建设者和接班人。特别是要牢牢掌握党对意识形态工作的领导权，把立德树人的成效作为检验学校一切工作的根本标准。

立德树人必须旗帜鲜明、理直气壮讲政治，传播主流意识形态。习近平总书记深刻指出，“古今中外，每个国家都是按照自己的政治要求来培养人的”。从历史和现实的角度看，任何国家、任何社会，其维护政治统治、维系社会稳定的基本途径无一不是通过教育。我国是中国共产党领导的社会主义国家，这就决定了我们的教育必须把培养社会主义建设者和接班人作为根本任务，培养一代又一代拥护中国共产党领导和我国社会主义制度、立志为中国特色社会主义奋斗终身的有用人才。我们的教育绝不能培养出社会主义破坏者和掘墓人，绝不能培养出一些“长着中国脸，不是中国心，没有中国情，缺少中国味”的人！那将是教育的失败。教育的失败是一种根本性失败。我们决不能犯这种历史性错误！这是推进教育现代化、建设教育强国必须把握的大是大非问题，没有什么可隐晦、可商榷、可含糊的。

立德树人关乎政治安全。习近平总书记深刻指出，培养社会主义建设者和接班人不可能一帆风顺，而是需要付出艰苦努力才能完成的任务。长期以来，各种敌对势力从来没有停止对我国实施西化、分化战略，从来没有停止对中国共产党领导和我国社会主义制度进行颠覆破坏活动，始终企图在我国策划“颜色革命”，他们下功夫最大的一个领域就是争夺我们的青少年。毛泽东同志早就说过：帝国主义说，对于我们的第一代、第二代没有希望，第三代、第四代怎么样，有希望。帝国主义的话讲得灵不灵？我不希望它灵，但也可能灵。现在算起来，在校高校学生大概就处在第三代、第四代这个范围，以后还有第五代、第六代以及十几代、几十代人的问题。争夺青少年的斗争是长期的、严峻的，我们不能输，也输不起。我们一定要警醒！

人民群众期盼高质量教育

教育于个人而言，是最基本的个人权利，是通往美好生活的阶梯。古往今来，获得公平且优质的教育都是人民的热切期盼。2018 年，习近平总书记在全国教育大会上强调，要坚持以人民为中心发展教育，彰显了我们党全心全意为人民服务的根本宗旨，回应了人民对教育的根本诉求。坚持以人民为中心，是我国教育事业的出发点和落脚点，也是教育改革发展的根本遵循。办教育就要从全体人民的根本利益出发，不断满足人民对更好教育的期盼，让人民群众有更多教育获得感。进入新时代，我国社会的主要矛盾，已经转化为人民日益增长的美好生活需要和不平衡不充分发展之间的矛盾。优质教育是美好生活的题中之义。人民对更好更公平教育的需要和教育不平衡不充分的发展现实问题，是当前我国教育领域必须着力解决的主要矛盾。

办好人民满意的教育，实现教育高质量发展，关键路径是提高教育质量和促进教育公平。既要把教育“蛋糕”做大，也要把教育“蛋糕”分好。做大“蛋糕”，就是要不断提高我国教育质量和水平，建设学习型社会，让人民享受更加优质的教育。现阶段，“有学上”的问题总体上已经解决，“上好学”成为老百姓的新期待。在科学技术日新月异的今天，全体人民都有终身学习的需求。如何满足人民群众“上好学”的愿望是一个系统工程，概括而言：大力发展全民教育，全面提高教育质量，在更高水平上保障学有所教；办好继续教育，满足人民多样化持续化教育需求；办好在线教育，构建网络化、个性化、终身化的数字教育体系，建设“人人皆学、处处能学、时时可学”的学习型社会。

把教育“蛋糕”分好，就是要缩小教育发展差距，促进教育公平。促进教育公平的路径，概括上讲，关键是优化教育资源配置，坚持公共教育资源优先向薄弱地区、薄弱学校、薄弱环节和困难人群倾斜。重点是巩固教育脱贫成果，着力提高欠发达地区和贫困地区教育发展水平。有效手段是推进教育信息化，共享优质教育资源。教育信息化具有突破时空限制、快速传播复制、呈现手段丰富的独特优势。习近平总书记指出，我们将通过教育信息化，逐步缩小区域、城乡数字差距、大力促进教育公平，让亿万孩子同在蓝天下共享优质教育、通过知识改变命运。

教育公平是社会公平的重要基础。公平正义是人类社会的共同理想。随着经济社会发展，受教育程度和水平成为影响个人职业选择、收入待遇乃至社会成就的重要因素之一。因此，推进教育公平，保证人民平等参与社会分工、平等实现个人发展的权利，是社会公平正义的底线和基础，更是实现社会公平正义的有效途径和手段。习近平总书记提出通过知识改变命运，不让贫困家庭的孩子输在人生起跑线上，就是强调通过教育首先保障人生起点的公平，进而为每个人实现人生出彩奠基。人民群众对教育公平的期盼超越以往任何时候，现阶段我们在统筹做大和分好教育“蛋糕”的关系时，要更加重视分好“蛋糕”，以更大的决心和毅力，更加时不我待、刻不容缓的紧迫感来推进教育公平。

国家安全是教育必修课

当前，我国国家安全面临的形势相比世纪之初已经发生了重大变化，全面加强国家安全教育，提高各级领导干部统筹发展和安全能力，增强全民国家安全意识和素养，筑牢国家安全人民防线，既是时代所需，也是走中国特色国家安全道路的内在要求。而纵观古今中外，通过教育培养安全意识、提升安全素养，实现国家安全的全民动员，通过公众认知的社会效应催化维护国家安全的系统效应，也是治理国家的一条重要经验。这些都决定了国家安全教育是教育工作的重要使命和任务。

首先，在中国特色国家安全道路之下，加强和推进国家安全教育的重大逻辑起点有三个，分别是国家安全形势所需、以人民安全为宗旨、统筹发展和安全。

第一，加强国家安全教育乃是形势所需、当务之急。无论任何时候、任何国家，社会公众的国家安全意识对维护国家安全工作都极其重要，他们的国家安全意识和素养是维护国家安全整体能力体系的重要组成部分，与维护国家安全水平有着直接的联系。特别是，一个国家面临的内外形势越是复杂，就越考验社会公众对国家安全的整体认知水平，开展国家安全教育的重要性就越凸显，必要性就越急迫。2013 年，习近平总书记在《关于〈中共中央关于全面深化改革若干重大问题的决定〉的说明》中指出，当前我国面临对外维护国家主权、安全、发展利益，对内维护政治安全和社会稳定的双重压力，各种可以预见和难以预见的风险因素明显增多。而我们的安全工作体制机制还不能适应维护国家安全的需要，需要搭建一个强有力的平台统筹国家安全工作。设立国家安全委员会，加强对国家安全工作的集中统一领导，已是当务之急。在 2014 年中央国家安全委员会第一次全体会议上，习近平总书记精辟指出，当前我国国家安全的内涵和外延比历史上任何时候都要丰富，时空领域比历史上任何时候都要宽广，内外因素比历史上任何时候都要复杂，必须坚持总体国家安全观，以人民安全为宗旨，以政治安全为根本，以经济安全为基础，以军事、文化、社会安全为保障，以促进国际安全为依托，走出一条中国特色国家安全道路。

这两次讲话尽管是关于国家安全的宏观论述，但实际上也指出了高质量开展国家安全教育的必要性和急迫性。一方面，中华民族伟大复兴处在历史关键阶段，中华民族伟大复兴战略全局和世界百年未有之大变局相互激荡，这些变化导致我国国家安全的内涵和外延都在发生重大变化，我国发展面临的风险因素增多，影响因素和路径更加复杂，社会公众如果此时还不能准确认识国家安全所处的环境，不能认识到这些变化对自身的影响，是绝对不行的。另一方面，与这些变化相对的，就是我国的安全工作体制机制还不能适应维护国家安全的需要，这其中就包括国家安全教育工作体制机制存在短板弱项。加强党的国家安全工作的集中统一领导，必然也包括加强党的国家安全教育工作的集中统一领导，将国家安全教育作为中央国家安全委员会的一项重要职责，自上而下加强统筹、协调、推进，真正让老百姓的国家安全意识跟上形势需要。

第二，国家安全一切为了人民、一切依靠人民，加强国家安全教育即是以人民安全为宗旨的内在要求。以人民安全为宗旨，是总体国家安全观所提出的一项重大原则。2016 年 4 月 10 日，在首个全民国家安全教育日到来之际，习近平总书记就国家安全教育工作作出重要指示，指出国泰民安是人民群众最基本、最普遍的愿望。实现中华民族伟大复兴的中国梦，保证人民安居乐业，国家安全是头等大事。要以设立全民国家安全教育日为契机，以总体国家安全观为指导，全面实施国家安全法，深入开展国家安全宣传教育，切实增强全民国家安全意识。要坚持国家安全一切为了人民、一切依靠人民，动员全党全社会共同努力，汇聚起维护国家安全的强大力量，夯实国家安全的社会基础，防范化解各类安全风险，不断提高人民群众的安全感、幸福感。

习近平总书记的这一指示，是建国以来我们党对国家安全教育工作的最全面、最深刻阐释，从理论上指出了国家安全教育的诸多关键问题，特别是将“国家”“人民”“社会”“安全”这四个概念通过国家安全教育紧密结合在一起。国泰民安是人民群众最基本、最普遍的愿望，开展国家安全工作的根本宗旨就是要实现人民群众这一愿望，而在中国特色社会主义道路上，人民安全与国家安全高度一致、融为一体，人民安全就是国家安全和国家利益。同样的，安全是人民的安全、国家是人民的国家，维护国家安全的过程也需要人民积极参与，维护国家安全要做到人人有责、人人尽责。将这几个方面联系起来的，就是宣传国家安全教育的形式多样的活动，这样的活动可以提升社会公众的国家安全意识和素养，增加社会公众对国家安全工作的参与感，并尽自己的一份力。

第三，推进国家安全教育，是落实统筹发展和安全，以新安全格局保障新发展格局的必然要求。加强国家安全教育在实践层面的另一重要逻辑起点，就是党的十八大以来我们不断强调并最终上升为经济社会指导原则的“统筹发展和安全”，以及在党的二十大报告中最终明确的“把维护国家安全贯穿党和国家工作各方面全过程”，“建设更高水平的平安中国，以新安全格局保障新发展格局”。教育是我国发展事业中一项至关重要的工作，涉及面极为宽广，不仅包括我们所熟知的幼儿教育、中小学教育、职业教育、高等教育，也包括党政机关企事业单位的教育培训，社会层面的国民教育等，涉及对青少年的启蒙、对世界的认知、对未来的把握等，可以说事关发展的方方面面。将国家安全问题贯穿到教育事业中，从人的观念底层建立起国家安全基本意识，并通过教育培训增强民众的国家安全基本素养，培养国家安全专门队伍，是建立新安全格局的重要内容，也是落实统筹发展和安全的基本要求。

其次，面对维护国家安全的复杂形势和艰巨任务，党的十八大以来，以习近平同志为核心的党中央高度重视国家安全工作，将开展国家安全教育作为一项重要工作来抓，对相关工作提出明确要求，并作出一系列战略部署，推动国家安全教育面貌焕然一新。

作为一个大国，我国长期以来没有法定的国家安全日或教育日，也没有明确的全民国家安全教育义务，全民国家安全意识和素养相对欠缺，已经不能再适应日益复杂严峻的国家安全形势。2013 年，党的十八届三中全会作出全面深化改革的决定，包括成立中央国家安全委员会，加强对国家安全工作的领导，这意味着党对国家安全教育的领导和相关工作也相应做出调整，加大工作力度。2014 年，在十八届中央国家安全委员会第一次全体会议上，习近平总书记创造性提出总体国家安全观，其中提出要真正夯实国家安全的群众基础，加强国家安全教育是一条重要途径。这些部署，为新时代国家安全教育工作指明了方向。

2015年新版《中华人民共和国国家安全法》出台，有三处明确要求加强国家安全教育，又为国家安全教育提供了坚实的法治保障。其中第十四条规定，将每年4月15日定为全民国家安全教育日，这是一项重大创举。第七十六条要求，国家加强国家安全新闻宣传和舆论引导，通过多种形式开展国家安全宣传教育活动，将国家安全教育纳入国民教育体系和公务员教育培训体系，增强全民国家安全意识。第七十八条要求，机关、人民团体、企业事业组织和其他社会组织应当对本单位的人员进行维护国家安全的教育，动员、组织本单位的人员防范、制止危害国家安全的行为。这两条明确了国家安全教育的法律地位，明确全体国民都有接受国家安全教育的义务，大中小学必须开展国家安全教学，各类党政机关、企事业单位需要经常性开展国家安全教育培训，明确告知社会公众有维护国家安全的责任，社会公众有责任提升自身国家安全素养。2016年4月10日，在首个全民国家安全教育日到来之际，习近平总书记就国家安全教育工作作出重要指示，从政治层面做出强有力推动。

从2013年决定成立中央国家安全委员会到决定设立全民国家安全教育日，从习近平总书记在首个全民国家安全教育日上的指示到十九届中央国家安全委员会召开全体会议，我们党对开展国家安全教育的认识不断深化，相关工作不断优化完善，摸索出了开展国家安全教育的基本规律，并逐渐形成了新时代党的国家安全教育理念。2020 年 12 月，十九届中央政治局举行第 26 次集体学习，习近平总书记在会上就贯彻总体国家安全观提出 10 点要求，尽管公开新闻稿并未提及“教育”二字，但其中有多项内容与开展国家安全教育有直接关系。比如，第三条要求坚持以人民安全为宗旨，指出国家安全一切为了人民、一切依靠人民，充分发挥广大人民群众积极性、主动性、创造性。要实现这一要求，必须通过全民国家安全教育来引导社会舆论，进行广泛的社会动员，推动国家安全教育进企业、进农村、进社区、进学校、进家庭，才能汇聚起维护国家安全的强大力量，夯实国家安全的社会基础。

2020 年，党的十九届五中全会召开，将统筹发展和安全作为指导我国经济社会发展的一条重要原则，并纳入“十四五”规划和 2035 年远景目标。而如何推动社会各界准确把握统筹发展和安全，并运用这一原则指导自身工作，成为开展国家安全教育的一项重要任务。2021 年，中共中央政治局审议通过《国家安全战略（2021—2025 年）》，强调指出要加强国家安全意识教育，自觉推进发展和安全深度融合，明确了我国开展国家安全教育的阶段性目标，就是通过广泛的国家安全教育，大力加强全民国家安全意识，推动在发展中更加自觉重视安全。2022 年 10 月，党的二十大胜利召开，大会报告历史上首次列专章论述国家安全工作，对国家安全教育也作了明确部署，强调“全面加强国家安全教育，提高各级领导干部统筹发展和安全能力，增强全民国家安全意识和素养，筑牢国家安全人民防线”。这一部署，明确了未来一个时期国家安全教育的三大工作重点，分别是提升工作能力、夯实社会基础、实现有效动员。至此，党的十八大以来我们党的国家安全教育从理念形成到工作部署，都实现了空前跃升。

再次，党的十八大以来，在党中央坚强领导下，我国的国家安全教育不断加大投入，内容和形式不断创新，实际成效显著，全民国家安全意识和素养跃升了一个大台阶。可以说，党的十八大以来，我国的国家安全教育才真正进入到了全民教育时代。

第一，国家安全教育领导体制更加健全，机制更加完善，工作更加有力。党的十八届三中全会决定成立中央国家安全委员会，主要职责是制定和实施国家安全战略，推进国家安全法治建设，制定国家安全工作方针政策，研究解决国家安全工作中的重大问题，这其中也包括推进国家安全教育工作。中央国家安全委员会成立后，在推进全民国家安全教育方面做了大量开创性的工作，国家安全教育工作得到全面加强。各级地方国家安全委员会也将推进地方国家安全教育作为重要工作来抓，积极推进本地区相关教育培训工作。2015 年，《中华人民共和国国家安全法》颁布实施，明确了国家安全教育的基本义务和责任，确定了全民国家安全教育日。2018 年 4 月 17 日，十九届中央国家安全委员会第一次会议审议通过《党委（党组）国家安全责任制规定》，明确了各级党委（党组）维护国家安全的主体责任，这其中也包括推进国家安全教育工作的责任。特别是，各大中小学党委（党组）要落实国家安全教育的责任更加明确。2020 年 9 月，教育部提出“将国家安全教育纳入国民教育体系”的要求，结合教育系统实际，指导大中小学系统、规范、科学地开展国家安全教育，制定了《大中小学国家安全教育指导纲要》，要求各地区严格落实。《大中小学国家安全教育指导纲要》还附有国家安全知识要点，使得教学更加有章可循。2020 年 12 月 30 日，国务院学位委员会、教育部正式决定设置“交叉学科”门类，“国家安全学”一级学科，由此，国家安全作为一门一级学科得以正式确立。通过这些工作，国家安全教育领导体制、工作体制均得到全面加强。

第二，国家安全教育内容丰富多样，全民参与更加积极，效能大幅提升。《中华人民共和国国家安全法》规定，要将国家安全教育纳入国民教育体系和公务员教育培训体系，指出了国家安全教育最重要的三大支柱。一是通过大中小学学校教育，将国家安全作为一门正式课程纳入教学考核。目前，已经实现国家安全教育进入大中小学课堂，国家安全学的研究生培养也稳步推进。二是各类培训机制，既包括公务员教育培训体系，也包括各类机关团体企事业单位。根据法律规定，公务员教育培训体系必须开展国家安全教育，具有强制性，而社会机构应积极开展国家安全教育。三是面向更广大公众的国家安全教育。当前，各地区和有关部门还抓住每年的全民国家安全教育日，面向公众大力开展普及性的全民国家安全宣传教育活动，推动国家安全教育进社区、进企业。《人民日报》、新华社、中央电视台等媒体策划各类群众喜闻乐见的影视作品，北京、湖北等地每年举办面向企事业单位和高校的总体国家安全观知识竞赛，山东等地建立总体国家安全观教育基地等，都取得了良好效果。

第三，全面落实我国国家安全教育的重点任务，在维护国家安全中发挥更大作用。党的二十大报告和《国家安全战略（2021—2025 年）》都对加强国家安全教育提出了更高要求，做出了明确规划，是未来一个时期我国国家安全教育的基本遵循。下一步，我国的国家安全教育要继续坚持总体国家安全观，按照既定路线走下去，重点在加强国家安全的学校教育、党政领导干部培训、国家安全学学科教育上下功夫，加强对青少年的国家安全教育，推动全民树立总体国家安全观，培养一批具备统筹发展和安全能力的高水平干部队伍，尤其要强化重要岗位领导干部自觉运用总体国家安全观指导工作的能力水平。

教育本身也要安全

教育安全是安全教育的前提，没有一个健康的教育环境，难言高质量推进全民国家安全教育。中国教育要安全发展，在发展中不偏轨、不僵化、不落后，归根到底要坚持党对教育事业的全面领导、坚持优先发展教育、坚持深化教育改革创新、坚持把教师队伍建设作为基础工作，坚持扎根中国大地办教育。

坚持党的全面领导

教育安全发展，坚持党的领导是根本保证。教育的旗帜和方向归根到底是意识形态问题，是政治安全问题。党的全面领导是中国教育坚持社会主义办学方向的根本保证。办好中国教育，方向是第一位的。我们的教育是中国共产党领导下的教育，是中国特色社会主义教育。因此，我国教育的方向，必须坚持以马克思主义为指导，坚持党的领导，全面贯彻党的教育方针。对此，习近平总书记提出了教育的“四为服务”，即我国教育的发展，要为人民服务，为中国共产党治国理政服务，为巩固和发展中国特色社会主义制度服务，为改革开放和社会主义现代化建设服务。坚持党的全面领导，既包括组织上的全面覆盖，更包括思想上的全面引领。思想政治工作是我们党的优良传统和政治优势，也是坚持党对教育事业全面领导的具体体现和重要举措。思想政治工作是学校各项工作的生命线，应该贯穿教育全过程，既要管课内，也要管课外；既要管网上，也要管网下。做好学校思想政治工作，办好思想政治理论课是关键一招。习近平总书记在 2019 年学校思想政治理论课教师座谈会上强调，思政课是落实立德树人根本任务的关键课程，思政课作用不可替代。

坚持党的全面领导，必须守住高校意识形态这个关键阵地，守住高校国家安全教育这个阵地。习近平总书记明确指出，办好我国高等教育，必须坚持党的领导，牢牢掌握党对高校工作的领导权，使高校成为坚持党的领导的坚强阵地。高校是重要的教育阵地和思想文化阵地，在教育全局中占据十分重要的位置。目前，我国高校容纳了哲学社会科学 70% 以上的研究人员和 2/3 的研究成果。在全球思想文化交流、交融、交锋的大背景下，我国高校面临的各种意识形态风险日益凸显。党委要保证高校正确办学方向，掌握高校思想政治工作主导权，保证高校始终成为培养社会主义事业建设者和接班人的坚强阵地。

优先发展教育

十年树木，百年树人。教育事业对于国家、民族、个人都是至关重要的，但对教育的投入需要较长周期才能显现效果。因此，办教育首先要克服短视和功利，要有“功成不必在我，功成必定有我”的境界和气度。优先发展教育就是顺应教育事业回报周期长这一规律的制度性、战略性安排。一个国家，特别是大国，如果不能将教育放在优先发展的位置，其教育事业长期发展必然是不稳定不安全的，必然是与经济社会发展脱节的，必然是影响国家安全的。教育在现代化建设中具有基础性、先导性、全局性作用。教育是培养人的事业，而社会各项事业的发展，都要以人力资源为基础，这是教育于社会的基础性作用。教育发展周期长，其作用发挥具有一定延迟性，因此教育在社会发展中扮演了先行先导的作用，这是教育的先导性。任何一个人，无论任何行业、任何年龄、任何家庭背景，接受教育是必须也是必然的，因此教育对社会的影响是全方位的，从根本上影响和决定着一个国家和民族的前途命运。特别是中国特色社会主义进入新时代后，教育的基础性、先导性、全局性作用更加突出，因此必须始终坚持优先发展教育。习近平总书记深刻指出，坚持把优先发展教育事业作为推动党和国家各项事业发展的重要先手棋，不断使教育同党和国家事业发展要求相适应、同人民群众期待相契合、同我国综合国力和国际地位相匹配。

将教育优先落在实处，体制机制保障是关键。优先发展教育，需要各方合力，但毫无疑问，党和政府在其中扮演了核心作用。一个国家，真正将优先发展教育落到实处，除了在思想上和战略上高度重视外，必须在经济社会发展规划中优先安排教育发展，特别是要优先保障教育投入。一言以蔽之，资源要向教育事业倾斜。财政性教育经费支出占 GDP 的比例，是国际通用的衡量教育投入和地位的重要指标。2012 年，我国教育投入实现历史性突破，首次实现占 GDP 4% 的目标，此后连年保持在 4% 以上。特别是《中国教育现代化 2035》进一步明确，确保国家财政性教育经费支出占 GDP 比例一般不低于 4%，确保财政一般公共预算教育支出逐年只增不减，确保按在校学生人数平均的一般公共预算支出逐年只增不减。

大力抓好教育事业改革创新

改革是教育事业发展的根本动力。习近平总书记在 2018 年全国教育大会上将“坚持深化教育改革创新”列为我国教育事业规律性认识的“九个坚持”之一。改革开放 40 余年的历史证明，教育既是改革开放的先行者，又是改革开放的受益者，更是改革开放的助力者。坚持深化教育改革创新的根本目的是要回应人民对更好教育的期盼，是要解决教育改革发展的重大问题和群众关心的热点问题。问题是时代的声音，教育改革必须坚持鲜明的问题导向。深化教育领域改革是个系统工程，包括政府管理职能、人才培养模式、办学体制、教育与经济社会发展协同等多个方面，众多改革方向中，最重要的莫过于教育评价指挥棒这个“总纲”，最迫切的莫过于人民群众关心的热点问题。

习近平总书记在 2018 年全国教育大会上提出，要深化教育体制改革，健全立德树人落实机制，扭转不科学的教育评价导向，坚决克服唯分数、唯升学、唯文凭、唯论文、唯帽子的顽瘴痼疾，从根本上解决教育评价指挥棒问题。2020 年 10 月，中共中央、国务院印发《深化新时代教育评价改革总体方案》提出到 2035 年，基本形成富有时代特征、彰显中国特色、体现世界水平的教育评价体系。《深化新时代教育评价改革总体方案》围绕党委和政府、学校、教师、学生、社会 5 类主体，坚持破立结合，重点设计了 5 个方面 22 项改革任务，包括改革党委和政府教育工作评价，改革学校评价，改革教师评价，改革学生评价，改革用人评价等具体措施，及时研究解决群众关心的教育热点问题，并将之作为教育改革创新的优先事项。党的二十届三中全会提出，教育、科技、人才是中国式现代化的基础性、战略性支撑。必须深入实施科教兴国战略、人才强国战略、创新驱动发展战略，统筹推进教育科技人才体制机制一体改革，健全新型举国体制，提升国家创新体系整体效能。要深化教育综合改革，深化科技体制改革，深化人才发展体制机制改革。

强调尊师重教

教师是立教之本，兴教之源。兴国必先强师。习近平总书记深刻指出，教师重要，就在于教师的工作是塑造灵魂、塑造生命、塑造人的工作。一个人遇到好老师是人生的幸运，一个学校拥有好老师是学校的光荣，一个民族源源不断涌现出一批又一批好老师则是民族的希望。国家繁荣、民族振兴、教育发展，需要我们大力培养造就一支师德高尚、业务精湛、结构合理、充满活力的高素质专业化教师队伍，需要涌现一大批好老师。教师是教育发展的第一资源。教师工作事关社会主义现代化强国的建设过程，事关教育事业改革发展的成败，事关社会主义建设者和接班人的培养。

2014 年教师节前夕，习近平总书记在同北京师范大学师生代表座谈时提出了“四有”好老师要求，即有理想信念、有道德情操、有扎实学识、有仁爱之心。2016 年，习近平总书记在北京市八一学校与教师座谈时，又提出了“四个引路人”的要求，即“广大教师要做学生锤炼品格的引路人，做学生学习知识的引路人，做学生创新思维的引路人，做学生奉献祖国的引路人”。“四有”是对教师本身的要求，“四个引路人”则是对教师立德树人的工作要求。“四有”和“四个引路人”构成了新时代好老师的根本标准。对于高校教师，习近平总书记在全国高校思想政治工作会议上强调，高校教师要努力成为先进思想文化的传播者、党执政的坚定支持者，更好担起学生健康成长指导者和引路人的责任。

“国将兴，必贵师而重傅。”党的十八大以来，习近平总书记多次就教师队伍建设发表重要讲话，倡导全社会尊师重教。2016

年，习近平总书记在考察北京市八一学校时要求，各级党委和政府要满腔热情关心教师，让广大教师安心从教、热心从教、舒心从教、静心从教，让广大教师在岗位上有幸福感、事业上有成就感、社会上有荣誉感，让教师成为让人羡慕的职业。让教师成为全社会都羡慕和尊敬的职业，落脚点和切入点是让广大教师享有应有的社会声望。对此，2018 年，《中共中央 国务院关于全面深化新时代教师队伍建设改革的意见》出台，提出“不断提高地位待遇，真正让教师成为令人羡慕的职业”，并明确六方面具体措施。

既要扎根中国大地，又要融通中外

习近平总书记在全国教育大会上强调，办好中国的教育，必须坚持中国特色社会主义教育发展道路，扎根中国、融通中外，立足时代、面向未来，发展具有中国特色、世界水平的现代教育。教育发展要放眼世界，融通中外，绝不能闭门造车。高质量的对外教育开放是建设教育强国的必然要求。放眼世界，必须加强国际教育交流合作。国之交在于民相亲，民相亲在于心相通。心相通的深层次基础是文化，关键在教育。今天的世界是各国共同组成的命运共同体。战胜人类发展面临的各种挑战，需要各国人民同舟共济、携手努力，教育应该顺此大势。通过国际教育交流合作，促进中国学生树立世界眼光、激发创新灵感，增强对人类各种知识和文化的认知，确立为人类和平与发展贡献智慧和力量的远大志向；同时促进中外更加密切的互动交流，为构建人类命运共同体夯实民心基础。

放眼世界办教育，要吸收借鉴世界先进办学治学经验。习近平总书记在全国教育大会上强调，要扩大教育开放，同世界一流资源开展高水平合作办学，要聚焦世界科技前沿和国内薄弱、空白、紧缺学科专业，把质量高、符合需要的引进来。放眼世界，要统筹做好出国留学和来华留学工作。新形势下，留学工作要适应党和国家工作大局，统筹利用国际国内两种资源，培养更多优秀人才，为实现中华民族伟大复兴中国梦作出更大贡献。习近平总书记在欧美同学会成立 100 周年庆祝大会上，提出了“支持留学、鼓励回国、来去自由、发挥作用”的十六字方针，明确了新时代我国留学工作的价值取向。留学工作不仅要“走出去”，还要“请进来”，要打造“留学中国”品牌。习近平总书记指出，要打造更具国际竞争力的留学教育，将我国建成全球主要留学中心和世界杰出青年向往的留学目的地，吸引海外顶尖人才来华留学，培养未来全球精英。这一论述不仅对我国构建专业来华留学体系提出了明确要求，同时将来华留学工作置于我国发展大局通盘考虑，更是赋予来华留学工作维护和塑造国家安全的历史使命。

守牢校园安全底线

校园安全是教育安全的底线，于教育事业的安全发展同样意义重大。目前，官方和学界尚未对校园安全形成一个准确、清晰的定义。本书认为，校园安全应该指学生在校参加各类教学活动期间，心理和生理处于一种不受威胁的状态。一般我们提到校园安全，首先想到的是校园食品卫生安全、校车安全以及消防事故等校园安全生产问题；其次是校园内发生的吸烟酗酒、打架斗殴、校园霸凌、校园暴力等不良现象；再引申一些，校园安全问题还包括学生心理健康等问题。校园安全事关在校师生的人身、财产安全，是学生健康成长、全面发展的前提和保障，可谓教育安全的底线。由于学生群体基本属于未成年人或刚刚成年的青年，心智尚未完全成熟易受外界影响，自我防护和约束能力较弱，因此校园安全问题更易发、多发。最重要的是，学生群体是国家和民族的希望，每一位学生背后又都是一个家庭，校园安全牵动着万千家庭乃至整个社会的神经。

近年来，社会各界对校园安全的关注程度越来越高，校园安全事件易引发当地社会震动，甚至引发全国性的话题讨论。校园安全事件又会成为推动地区甚至全国的教育管理优化完善的契机。2017年，中国社会科学院舆情调查实验室联合百度搜索共同发布当年民生热词榜，校园安全列居榜首。守牢校园安全不光是教育安全的底线，也是守护人民安全、维护社会安全的必然要求。

校园安全问题在世界范围内普遍存在，每个国家和地区都十分重视校园安全问题，对校园安全治理也有自己独特的经验和治理体系。相较而言，我国校园安全治理在世界范围内属于较好水平。但不可否认的是，随着我国经济社会的快速发展，转型时期各种社会矛盾不断凸现，中小学校园安全事件也时有发生。特别是伴随我国社会主义进入新时代，人民群众对高质量教育的期盼越来越热切，校园安全问题也成为一个全民关注的社会性问题。总体而言，当前我国校园安全风险整体可控，但各类校园安全隐患不容忽视，不同表现形式的校园安全事件还时有发生，家庭、学校、社会还需协同配合，不断提升我国校园安全水平，共创人民满意的校园安全环境。

参考文献

1 《习近平总书记教育重要论述讲义》编写组编:《习近平总书记教育重要论述讲义》，高等教育出版社 2020 年版。

2 教育部课题组编:《深入学习习近平关于教育的重要论述》，人民出版社 2019 年版。

3 习近平:《论党的宣传思想工作》，中央文献出版社 2020 年版。

4 《党的二十届三中全会（决定）学习辅导百问》编写组:《党的二十届三中全会（决定）学习辅导百问》，学习出版社 2024 年版。

2

第二章

历史是最好的老师

教育，由“教”和“育”两个汉字组成。按照《说文解字》中对教育的解释：教者，“上所施下所效也”；育者，“养子使作善也”；教育就是教诲、培育的意思。“教育”一词最早见于《孟子·尽心章句上》中提到的君子的三种快乐，即父母俱存，兄弟无故；仰不愧于天，俯不怍于人；得天下英才而教育之。孔子认为，教育对社会发展有重要作用，是立国治国的三大要素之一。梁启超则给予教育更高的评价，认为国势强弱随人民的教育程度为转移，强调“亡而存之，废而举之，愚而智之，弱而强之，条理万端，皆归本于学校”。简单来讲，教育承担着培养人的功能，并通过育人的功能来实现社会的发展变迁和促进社会的流动。因此，从广义上看，教育是增进人们知识技能和影响人们思想品德的一种实践活动，承担着重要的社会和政治职能。在中国历史上，教育通过培养德才兼备的治国之才、培养民众的爱国主义情怀、国家安全意识和国家安全能力来推动国家振兴和民族复兴伟业。

锻造治国之才

教育的根本目的是培养人才。在中国古代，教育首先强调的就是育人，即进行所谓的德行教育，以实现修身、齐家、治国、平天下。用今天的话说，教育就是要不断提高受教育者的自身素养，以实现对国家的治理，维护国家的安全和稳定。

周朝时期提出了贵族学习的六种技能，即“六艺”：礼、乐、射、御、书、数。其中，“礼”位于“六艺”之首，就是今天所说的德育，包括政治、伦理、道德、礼仪等，涉及社会生活的方方面面。《周礼》强调，贵族需要遵守“五礼”，即吉礼、凶礼、宾礼、军礼和嘉礼。遵守礼制，就是敬德。中国古代伟大的思想家、教育家，儒家思想的创始人孔子也十分推崇周朝的“六艺”，尤其是“礼”。《论语·尧曰》中说，“不知礼，无以立也”，强调人要遵循道德和礼仪等多重社会规范。

作为我国历史上第一位创办大规模私学的教师，孔子三十岁时开始授徒讲学，向社会广泛招收学生，培养从政人才。孔子主张采用“德治”，认为“为政以德，譬如北辰，居其所而众星共之”，就是说要通过德治达到修己安人的目的。《论语·子路》记载：子适卫，冉有仆。子曰："庶矣哉！"冉有曰："既庶矣，又何加焉？"曰："富之。"曰："既富矣，又何加焉？"曰："教之。"

孔子强调，"教"能使人民受到政治伦理教育，学会安分守己。换言之，"教"可以转变人民的思想，以实现国家治理和社会稳定。在孔子看来，人才不能依靠自然成长，必须经过教育培养。教育就是要培养德才兼备的从政君子。

与此同时，孔子主张以"仁"净化人们的灵魂，因为"仁"的道德品质是成为君子的重要条件。"仁"是孔子思想体系的核心概念，主要含义有二：一是以"礼"为规范，"克己复礼"，即克制过分的欲望，恢复和巩固周礼的统治秩序，遵守周礼的规定；二是"爱人"，即设身处地为他人着想，人们常说的"己欲立而立人，己欲达而达人""己所不欲，勿施于人"就是"爱人"的一种表现。孔子主张行"仁政"，认为只有受到良好教育和具有治理国家的能力，并且道德高尚的人才会施行"仁政"。

《论语·学而》记载："其为人也孝弟，而好犯上者，鲜矣；不好犯上而好作乱者，未之有也。君子务本，本立而道生。孝弟也者，其为仁之本与！"在孔子看来，"仁"是伦理道德和治国理政的基本准则，也是教育的根本目的，是一个王朝维护政权安全的必由之路。

孔子的"仁政"思想被儒家思想的另一位代表人物孟子所继承发扬。孟子为鲁国贵族孟孙氏后裔，一生崇拜孔子，私下弟子

数百人，也是中国古代有名的思想家、教育家，其思想对中国封建教育的发展，特别是对宋代以后理学的教育影响深远，被尊称为“亚圣”。孟子认为教育的内容有两方面：一是以“仁义”“五伦”为基础的伦理道德，二是以“君子”为楷模的人格理想，这在儒家四书之一的《孟子》之中有记述。《孟子》指出，学校要“教以人伦”，围绕孝悌仁义进行。中国封建社会把孟子提出的“明人伦”思想作为教育的目的。所谓“人伦”，就是人间的五对关系，即“父子有亲、君臣有义、夫妇有别、长幼有叙、朋友有信”。

另外，孟子认为，教育是“明仁政”“得民心”的重要手段，即所谓“善政不如善教之得民也”。“善政，民畏之；善教，民爱之。善政得民财，善教得民心。”孟子强调要“谨庠序之教，申之以孝悌之义”，这样便可“以不忍人之心，行不忍之政”而已。简言之，教育就是要通过施以仁政来争取民心，进而实现国家和社会的稳定。在孟子看来，行“仁政者”就是“得道者”，就可以使“天下之民”一齐归向，那就能无敌于天下。按照孟子的逻辑，教育就是要以德服人，使民心归服，即“以善服人者，未有能服人者也；以善养人，然后能服天下。天下不心服而王者，未之有也”。

除了孔孟之外，中国古代的多位教育家也主张教育要培养治国人才。比如，南北朝时期的著名教育家颜之推就认为，教育就是要培养于国家有实际效用的各方面的统治人才，包括朝廷之臣、文史之臣、军旅之臣、藩屏之臣、使命之臣、兴造之臣等。再如，明朝的教育家王守仁认为对人才的培养应首先注重道德教育，要把道德教育与修养放在学校教育工作的首要地位，学校就是要培养学生形成优良的品德，强调“学校之中，惟以成德为事，而才能之异，或有长于礼乐，长于政教，长于水土播植者，则就其成德，而因使益精其能于学校之中”。

不论是“礼”“德”还是“仁”，都是强调对人才的培养，这不仅是一个重要的教育问题，也是一个重要的政治问题。立德树人是教育的本质所在。在今天的中国，育人立德关系到党的事业后继有人，关系到国家的前途命运。尽管今天我们所说的德育与孔孟所说的“礼”“德”“仁”有所差别，但立德育人、以德治教的本质并没有改变。今天的中国需要有理想、有道德、有文化、有纪律的“四有”新人。在新时代，培养具有坚定马克思主义信仰、坚决拥护中国共产党领导和中国特色社会主义制度，肩负维护国家安全使命的人才是现代国家安全教育的使命所在。

培育爱国主义情怀

教育除了培养人才外，还承担着一项更重要的职能，就是培养人们的爱国主义精神。列宁曾指出，爱国主义是千百年来固定下来的对自己祖国的一种最深厚的感情。这种感情表现为争取祖国独立富强、维护祖国统一而奋斗的精神。爱国主义是中国古代教育的重要主题之一，也是中华民族的民族心、民族魂和最重要的精神财富，是中国人民和中华民族维护民族独立和民族尊严的强大精神动力。

中国古代的家庭教育是爱国主义教育的启蒙课堂。家庭教育在我国古代教育史上占有重要地位。家庭教育主要有两种形式，即言传和身教，就是父母向孩子传授知识，或是父母以身作则、以身示教，让孩子照着做。

自古以来，爱国是家教的重要内容，家庭教育在强化民族思想意识，厚植爱国主义情怀方面发挥着重要作用。中国封建时代的家训、家教、家风、家规中有许多关于爱国主义的教育内容。颜子推的《颜氏家训》对治家修身、求学处世等问题进行了系统地论述，成为中国封建时代第一部完整的家庭教育的教科书。元初理学家许衡告诫子孙要“身居畎亩思致君，身在朝廷思济民”。此外，还有不少历史典故体现了父母言传身教对后代成长尤其是树立爱国主义情怀的重要作用。

早在春秋战国时期，孟母教子的故事就流传千古，诸如“三迁择邻”“断机杼”和“拥楹而叹”的故事广为人知。正是孟母的教诲才培养了孟子“自任以天下之重”的担当意识，展现了儒家“修身、齐家、治国、平天下”的主张。

南宋名将岳飞在十五六岁时，目睹了当权者腐败无能，遭北方金人南侵、节节败退的惨状。正当国家面临危难时刻，岳飞心中愤闷，决心投军抗金。深明大义的岳母姚氏更是勉励岳飞“从戎报国”，并在岳飞出征前在其后背刺上“精忠报国”（一说为“尽忠报国”，后世演绎为“精忠报国”）四字为训。岳飞从此铭记母亲的教诲，奔赴抗金的前线，杀敌无数，屡建战功，成为一名令敌人闻风丧胆的将军。他率领的部队北伐收复了被敌人侵占的国土。岳母教子精忠报国的故事从此广为流传，岳母作为母教的典范和妇女的楷模被传为佳话。

如果说孟母、岳母是母教的典范，那么宋朝民族英雄文天祥之父文仪则彰显了父教的典范。文仪是当地有名的读书人，嗜书如命、学识渊博，通晓经史百家、天文地理，十分重视对文天祥的教育。文仪在自家院中建造了一座竹屋作为书斋，取名“竹居”，并经常带孩子到“竹居”读书、写字。

为使儿子成才，文仪不惜花重金聘请名师到家里授课。曾任衢州府学教授、国子监丞的曾凤，当年就做过文家的塾师。后来由于家道中落，无力支付塾师费用，文仪就亲自给孩子授课，对孩子要求十分严格，学习时要求孩子将书中的警句用纸条抄录下来，贴在书斋的墙壁上，时时温习。

文仪还经常给孩子讲解时局，要求文天祥要学好本领，长大后保卫国家、为国效力。在父亲的影响下，文天祥从小就被爱国主义情怀所熏陶。一次，文天祥读到春秋时期齐国贤相晏婴弊车羸马的事迹，便感叹晏婴有真才实学，却不虚荣，而当今的宋朝官员奢华风气盛行，国家是难以治理好的……做人就要像晏婴，多多为国出力！

此后文天祥奋发学习，21 岁便考中状元，为国效力，成为宋末抗元斗争的英雄，并写下了著名的诗歌《过零丁洋》，留下了“人生自古谁无死，留取丹心照汗青”的名句，表现了文天祥为了国家宁愿慷慨赴死的民族气节和爱国主义情操。

除了家庭教育外，中国古代的重要教育制度——科举制度也为提升民众爱国情怀、促进国家治理发挥了重要作用。早在西汉年间，汉文帝就要求“诸侯王、公卿、郡守举贤良能直言极谏者，上亲策之”。隋唐时期的科举制度进一步重视对士子爱国主义精神的考察。宋代王安石推行变法，改革了科举制度，废止了进士科考试必须命题作诗的要求，改而规定参加进士考试者任选《诗》《书》《易》《周礼》《礼记》中的一种，并兼论《论语》和《孟子》。考试出题范围也扩展到议论历史上的人物、事件以及对现实政治的献策，旨在考察考生是否通晓儒家经典、经世治国，从经术中参悟治国理论。科举制度改革加大了选拔具有经纶济世之志之才的力度。正是在这一制度下，唐宋时期朝廷选拔出了诸如张九龄、欧阳修、苏东坡、范仲淹、王安石、司马光等仁人志士。这些知名的教育家、政治家为当时中国社会的进步和发展发挥了不可磨灭的作用。

今天，爱国已经成为社会主义核心价值观的重要内容，爱国主义则是现代教育的重要主题。习近平总书记指出，爱国，是人世间最深层、最持久的情感，是一个人立德之源、立功之本。做人要有气节、要有人格。气节也好，人格也好，爱国是第一位的。国家安全教育首先就是要培养民众的爱国主义情怀，树立正确的国家安全观。没有爱国主义情怀，没有国家安全观，保家卫国就无从谈起。

增强国家安全意识

就国家安全教育而言，与爱国主义教育同等重要的是培养民众的国家安全意识。国家安全意识内涵丰富，其中忧患意识、危机意识和使命意识是重要内容，这在中国历史发展进程中有充分的体现。

在5000多年的历史中，中华民族面临过无数次内忧外患和艰难险阻，都能化险为夷、生生不息。其中，强烈的忧患意识成为中华民族久经磨难而不衰的重要法宝。历史证明，一个朝代如果有自觉的忧患意识，就往往政治上清醒洞明、奋发有为；反之，则容易陷入骄奢淫逸、麻痹昏聩，离败亡也就不远了。

孟子曰："人恒过，然后能改；困于心，衡于虑，而后作；征于色，发于声，而后喻。入则无法家拂士，出则无敌国外患者，国恒亡。然后知生于忧患而死于安乐也。"

汉代以降，相传由孔子等人编纂而成的皇室文集《尚书》流传甚广。该书总结了前人的经验教育，既包括仁君治民之道，亦阐述贤臣事君之道以及大臣之间互相劝勉、坦露胸怀的肺腑之言，表达了居安思危终不困的道理。《尚书》因此被视为政治哲学经典，成为历代帝王的教科书和贵族子弟及士大夫必修的内容。

唐代史学家吴兢在开元盛世下敏锐察觉到唐玄宗执政后期的颓势，在其著作《贞观政要》中表达出强烈的忧患意识。该书之后被唐宣宗等人认真阅读，并被辽、金、元、清等历朝统治者翻译成本民族文字，世代相传。宋朝的政治家、文学家范仲淹在《岳阳楼记》中写道“先天下之忧而忧，后天下之乐而乐”，其为政清廉，体恤民情，为官时处处为百姓着想，为北宋的江山社稷作出了不少贡献。

近代以来，面对着国破家亡的危险，中国知识分子凭借着忧患意识和危机意识主动探索救国救民的道路，并积极传播先进的革命思想。鲁迅弃医从文，以笔杆为武器，发表《狂人日记》，揭露和抨击中国的封建制度，企图从精神上解放人民的思想，激起民众的斗志。在轰轰烈烈的革命浪潮中，新文化运动是最具代表性的一场社会实践。

1840 年鸦片战争后，西方列强入侵中国，中国沦为半殖民地半封建社会。中国人民奋起反抗，仁人志士先后发起了太平天国运动、洋务运动、戊戌变法、义和团运动，但均以失败告终。1911 年辛亥革命推翻了清朝的统治，但革命果实被袁世凯窃取，中国半殖民地半封建的社会性质没有改变，中国人民的悲惨命运依旧。在民族危亡的关头，中华民族应该走向何处，成为每个有识之士思考的重要问题。

1915 年 9 月，陈独秀在上海创办《青年杂志》（后改名《新青年》），在思想文化领域掀起一场以民主和科学为旗帜，向传统的封建思想、道德、文化宣战的新文化运动，吹响思想启蒙的号角，欲拯救处于水深火热之中的旧中国。《新青年》编辑部迁往北京后，李大钊、鲁迅、胡适等加入编辑部，并成为主要撰稿人。

《新青年》提出的基本口号是民主和科学，即拥护“德先生”（指的是民主，英文为 democracy）和“赛先生”（指的是科学，英文为 science），认为只有这两位“先生”才能够消除中国政治、道德、学术和思想上的黑暗。随着《新青年》的传播，民主和科学思想逐渐深入人心，自由、平等、博爱等思想在民众中不断地被推崇。《新青年》和新文化运动得到了北京大学校长蔡元培和很多青年师生的大力支持。新文化运动发起人陈独秀被聘为北京大学的文科学长，李大钊担任北京大学图书馆主任，毛泽东则为北京大学图书管理员，胡适、鲁迅、周作人、刘半农在北京大学任教，北京大学成为新文化运动的主要阵地。

1917 年俄国十月革命爆发后，马克思主义传入中国，1919 年李大钊将《新青年》第六卷第五号编为“马克思研究专号”，帮助北京《晨报》开辟了“马克思研究”专栏。李大钊在《新青年》发表《我的马克思主义观》，详细介绍了马克思主义的唯物史观、政治经济学和科学社会主义理论。李大钊、陈独秀、毛泽东等先后走上马克思主义道路，马克思主义在中国广泛传播。五四运动爆发后，马克思主义在中国传播开始同中国工人运动相结合，新文化运动由此前的反封建的思想解放运动，转变为更深刻、广泛的社会运动。

另一方面，中国古代重男轻女思想严重，女性很难进入学校接受教育。新文化运动积极提倡教育平等，反对教育为少数人所独占，倡导人人都享有受教育的权利。在这一思潮的影响下，平民教育不断被提倡，中国的教育事业在学制设置、高等教育、女子教育、职业教育等领域开始推进改革，产生了一系列积极的变化。新文化运动成为中国知识分子拯救国家和民族的思想武器，他们通过积极传播社会主义思想，促进民众觉醒，使马克思主义在中国大地上进一步深入人心。

历史证明，教育是促进社会政治变革的主要因素之一。教育能够通过传播先进的思想，弘扬优良的道德来促进社会、政治的发展与变革。从新文化运动到五四运动，李大钊、毛泽东等思想家、革命家始终站在时代的前列，以强烈的忧患意识、危机意识、使命意识探索革命道路和传播革命思想，不断引领中国社会的发展和前进，为新中国的诞生作出了卓越贡献。党的十九大报告指出，增强忧患意识，做到居安思危，是我们党治国理政的一个重大原则。如今，世界百年未有之大变局加速演进，国家安全教育重要性日益凸显。增强忧患意识、风险意识、危机意识和使命意识是国家安全教育的必修课。增强国家安全意识，以准备应对风高浪急，甚至是惊涛骇浪的重大考验。

提升国家安全能力

提升国家安全能力是国家安全教育的又一项重要任务。在中国古代，虽然没有现代意义上的国家安全教育，但军事教育、国防教育一直是中国历朝历代教育的重要内容之一，是国家安全能力建设的主要方面。

早在夏朝时期，军事训练就成为教育的一项重要内容。据《文献通考·学校考》记载，“夏后氏以射造士”。当时，弓箭是最重要的武器，练习射箭自然成为军事教育的重点。除了射箭，当时的军事教育还包括培训使用青铜戈和大刀。夏朝的学校“序”就是以习射为义，保留军事训练的内容。

到商朝时，射箭仍然是军事教育的主要内容，但与夏朝相比，其军事教育增加了驾驭车马的内容。古代的战车多是用马拉动的，所以武士除了要学会射箭，还要学会驾驭战车。

到西周以后，人们耳熟能详的“六艺”教育逐渐成型，其中的“射”和“御”就是指射箭和驾驭战马。而当时的大学也实行分科教学，主要教授两类课程，一类是礼乐，另一类就是射御。射则是国学、乡学的重要科目。军事训练成为教学内容的重要方面，而军事训练的教官则由师氏（即高级军官）兼任。据我国学者孙培青的考证，“教师”的名称就是源于军官。

所谓“射”，就是射箭，共有五项标准，即白矢、参连、剡注、襄尺、井仪。白矢是指射穿箭靶而露出白色箭头。参连，即先发一箭，而后再连射三箭，每箭的箭头依次射中前面的箭尾，箭箭相连，形成直线，看上去像是一根箭。剡注，即箭射出时力量足够猛，以贯穿物体。襄尺就是君臣同射时，臣不得与君并排而立，要后退让君一尺，以示尊卑有别。井仪，即连射四箭，四支箭都穿透靶心，并且上下左右排列像个“井”字。一个简单的射箭，古人对其标准和要求很严格。而且每年大祭之前还要举行射箭比赛，通过选拔武士促进国家军事能力的提升。

“御”则是指是驾驶马车、战车的技能，并不是指骑马。古代马车是重要的交通工具，战车更是重要的战略资源。古代四匹战马共拉一车，称为“一乘”，“千乘之国”代表其拥有很多战车。因此，要学会“御”需要达到一定年龄才行，否则难以驾驭。“御”也有五个技巧：一是鸣鸾和，“鸾”与“和”是车上的铃铛，要求驾车时能使挂在车上的“鸾”与“和”发出有节奏的声音；二是逐水曲，要求驾车马经过曲折的水道时能够逐水势之曲而不坠入水中；三是过君表，要求驾车经过国君所站的位置时，应有致敬的表示；四是舞交衢，要求驾车在交叉道上转弯时，能使驾辕和拉马的车的脚步和谐合拍；五是逐禽左，要求在田野猎逐野兽时，能够驾车把猎物驱向车的左边，以便坐在车左边的国君从左侧进行射击。

春秋时期，孔子重视“六艺”教育，其本人也善于射御，并经常教授学生射御的技术，带领学生射于射圃。宋朝时期，中国设立了专门培养军事人才的武学，这也成为中国历史上最早设立的专科军事学校。武学一般招生百人，通晓军事的文武官为教师，设置武学教授，并且在科举考试中专门设立了“武科”。到南宋时，官府又规定：“凡武学生习《七书》兵法、步骑射，分上、内、外三舍，学生额百人。置博士一员，以文臣有出身或武举高选人为之；学谕一员，以武举补官人为之。”武学的设立对后来的元、明、清影响深远。

明朝设有中央武学，并审定武学学规，刊印了《武经七书》分送到京卫武学和南京武学，供武生学习。嘉靖年间，改建京城武学。万历年间，武库司专设主事一员，管理武学，足以展现中央对武学的重视。但受儒家思想的影响，中国古代社会大多数时期，教育仍然更加注重礼乐、人伦、仁政，军事和国防教育的内容相对较少。直到 19 世纪下半叶，随着洋务教育的兴起，清朝政府才开始重视军事和国防教育。

19 世纪 60 年代至 1894 年甲午战争，以“自强”“求富”为口号的洋务派发起了一场轰轰烈烈的洋务运动，大兴洋务教育。洋务教育主要内容有二：一方面，兴办新式学堂。自同治元年（1862 年）京师同文馆起，清朝政府先后创办洋务学堂 30 所，共分三类：一是同文馆或广方言馆，即今天的外国语学校，比如赫赫有名的京师同文馆；二是武备、水师学堂，即今天的军事学校，比较有名的有福建船政学堂、广东黄埔鱼雷学堂、天津水师学堂、江南水师学堂、江南陆师学堂等；三是机械、电信、医学学堂，即今天的技术学校，比如福州电报学堂、天津西医学堂、山海关铁路学堂等。上述学校主要任务是培养一些买办、翻译和陆海军军官、士兵，训练工业技术人员。

值得一提的是，1885 年由李鸿章奏请设立的天津武备学堂成为我国历史上第一所陆军学堂。该学堂学习内容涉及各种枪炮、土木营垒、行军布阵分合攻守各法，设立步、马、炮、工程四科，学堂教师是从德国聘请的军官，注重实际演练和考核，学员则是从各营中挑选出来的弁兵，学制一年。后来北洋军阀的将领段祺瑞、冯国璋、曹锟、王士珍、段芝贵、吴佩孚等均曾就读于此。

洋务派举办的学堂，无统一的学制，教学内容除“四书”“五经”等外，主要是“西文”和“西艺”，比旧学堂讲求实用，并开始将近代天文、数学、物理、化学等自然科学知识和技术学科作为课程，有些学堂还学习《万国公法》、外国史地等人文科目。与此同时，洋务学堂提出“中体西用”的教育思想，突破传统“中体中用”的思想框架，拉开了中国近代教育的序幕。

另一方面，洋务教育大力推动留学，派遣学生往西方资本主义国家学习军事、技术和自然科学。曾国藩、李鸿章接受了容闳的倡议，联名奏请清朝政府选派幼童赴美留学。1872 年，近代中国派出了首批赴美国的留学生。1876 年、1877 年，清朝政府开始派遣学生到德、英、法等国学习陆军、海军和造船技术等，并且明确到英国学习驾驶者，务令精通该国水师兵法，能自驾铁甲船于大海操战。一些留欧的学生后来成为近代海军重要将领的人选，比如北洋舰队定远号和镇远号的管带刘步蟾和林泰曾。

洋务运动倡导“师夷长技以自强”，鼓励民众学习西方先进技术，但因没有触及封建统治基础而遭遇失败，并随着甲午战争清朝政府的惨败而退出了历史舞台。洋务运动虽然未能真正“师夷长技以自强”，但其掀起的军事教育、科技教育浪潮对构建和提升国家安全能力有重要启示意义。此后的新文化运动更是将科学作为口号之一，主张用理性的精神和科学态度来审视一切社会问题，进一步掀起了中国科学教育的思潮。

新文化运动时期，中国还形成了科学教育不同的学派，比如以任鸿隽为代表的中国科学社倡导以科学内容尤其是科学方法、科学精神渗透、充实教育等社会各项事业；以陈独秀为代表的民主派主张以理性的态度看待中国传统教育，建设未来教育；以胡适为代表的实证主义派则将科学的方法理解为“大胆假设，小心求证”，并将其作为解决一切学术和社会问题的有效方法。五四运动后，科学教育运动得到进一步广泛发展。

从“六艺”教育到洋务教育再到科技教育，历史的发展告诉我们：军事安全、科技安全是国家安全的保障，军事教育、科技教育是国家教育体系不可或缺的内容。今天，世界进入新的动荡变革期，我国的国家安全环境日益险峻。国家安全能力建设已不是简单的军事和国防教育，还涉及科技安全、人才培养、树立总体国家安全观等各个方面。在中美战略博弈背景下，科技实力决定着世界政治经济力量对比的变化，也决定着各国各民族的前途命运，科技教育和科学研究就显得格外重要。为此，党的二十大报告将科技安全视为国家安全的保障，与军事安全、文化安全、社会安全同等重要。当下，国家安全教育应坚持总体国家安全观，重点培养科技人才，尤其是要依靠自己培养人才，提高人才供给的自主可控能力。中国正深入实施新时代人才强国战略，深化人才发展体制机制改革，加快建设世界重要人才中心和创新高地。这是提升国家安全能力的根本保障。

十年树木，百年树人。“教育是国之大计、党之大计”，是民族振兴和社会进步的基石，对实现中华民族伟大复兴具有决定性意义。在世界百年未有之大变局及中国全面建设社会主义现代化国家、实现第二个百年奋斗目标的背景下，教育对于国家安全的重要性日益凸显。新时代的中国需要什么样的国家安全教育也成为一个重要的政治问题。

历史发展的经验告诉我们，教育必须坚持立德树人，以人为本。中国古代和近代教育所蕴含的国家安全理念和实践经验，尤其是先人们深厚的爱国主义情操、忧患意识、危机意识、使命意识、斗争意识，对维护和塑造国家安全，构建新时代的国家安全教育体系，建设社会主义现代化强国，推进中华民族伟大复兴具有重要启示意义。

当前，中国正在推动新时代教育强国建设。教育、科技、人才已经成为全面建设社会主义现代化国家的基础性、战略性支撑，中国式现代化呼吁教育现代化。新征程上，我们可以借鉴古代和近代教育的历史经验，进一步加大对国家安全教育的投入，深入实施科教兴国战略和人才强国战略，坚持为党育人和为国育才，为守护中华民族伟大复兴而培养更多英才。

参 考 文 献

1 杨荣国:《中国古代思想史》，人民出版社 1973 年版。

2 孙培青主编:《中国教育史》(第四版)，华东师范大学出版社 2019 年版。

3 中共中央宣传部编:《习近平新时代中国特色社会主义思想学习问答》，学习出版社、人民出版社 2021 年版。

4 中共中央党史和文献研究院编:《习近平关于总体国家安全观论述摘编》，中央文献出版社 2018 年版。

5 《〈中共中央关于党的百年奋斗重大成就和历史经验的决议〉辅导读本》编写组编著:《〈中共中央关于党的百年奋斗重大成就和历史经验的决议〉辅导读本》，人民出版社 2021 年版。

3

第三章

筑牢校园
国家安全屏障

第三章

由青少年构成的学生群体是中国特色社会主义事业的建设者和接班人，是全民国家安全教育的重要对象。2014年9月9日，习近平总书记在同北京师范大学师生代表座谈时指出，要把今天的学生视为“未来实现中华民族伟大复兴中国梦的主力军”，强调要把这支主力军打造成“中华民族‘梦之队’”。作为学生接受教育的主要场所，学校理所当然成为了对其进行国家安全教育的主渠道、主阵地。

党的二十大报告进一步提出了“全面加强国家安全教育……增强全民国家安全意识和素养，筑牢国家安全人民防线”的要求，筑牢校园国家安全屏障是其中的重要一环。在学校教育的范畴中，学生是主体，教材是重要依托，教师为主导。从维护国家安全的角度解决“培养什么人、怎样培养人、为谁培养人”的根本问题，把握好教材和教师这两个关键要素，对于推进青少年国家安全教育至关重要。

新征程，再起航。对于青少年国家安全教育，还有很长的路要走。这条路，纵然充满艰辛挑战，但只要凝心聚力、步伐坚定，必能行稳致远。

点燃“接班人”的思想火炬

1919 年 5 月 4 日，面对巴黎和会上列强对中国主权的欺压和中国外交的失败，数千名爱国学生齐聚天安门城楼前抗议，并迅速演变成为一场声势浩大、席卷全国、广大人民群众参加的爱国革命运动。五四运动“带着为辛亥革命还不曾有的姿态，这就是彻底地不妥协地反帝国主义和彻底地不妥协地反封建主义”，标志着新民主主义革命的伟大开端，推动了中国社会进步，促进了马克思主义在中国的广泛传播，为中国共产党成立做了思想上干部上的准备。

在这场运动中，数十万首先觉醒的爱国青年学生，英勇地站在革命队伍的前头呼喊与抗争，起到了“先锋队的作用”和“带头作用”。“外争主权，内除国贼”“中国的土地可以征服而不可以断送！中国的人民可以杀戮而不可以低头！”“国亡了！同胞起来呀！”……这些由青年学生领袖起草的振聋发聩的宣言，是他们心忧国家和民族命运、祈盼人民团结自强的真情流露，也是他们满腔愤慨坚决捍卫国家主权、维护国家安全的生动写照。

救亡图存之际，青年学生将个人的前途与国家的安全紧紧系在一起，心怀梦想，敢于斗争，以摧枯拉朽之势维护了国家利益，改造了旧社会，而后又积极投身革命洪流，在中国共产党的领导下，破坏了一个腐朽的旧世界，建立了人民当家作主的新中国。而今我们的国家虽然已从风雨飘零、积贫积弱发展到社会稳定、全面小康，但对广大学生的国家安全教育却绝不能松懈。这是因为：

首先，保障党和国家未来发展和安全需要加强大中小学生国家安全教育。青少年是社会主义的建设者和接班人，也将成为我国全面建成社会主义现代化强国、实现第二个百年奋斗目标的中坚力量，对其国家安全意识和维护国家安全能力的培养决定着党和国家的发展前途。习近平总书记曾对包括大学生在内的青年群体指出，中国的未来属于青年，中华民族的未来也属于青年。青年一代的理想信念、精神状态、综合素质，是一个国家发展活力的重要体现，也是一个国家核心竞争力的重要因素。《教育部关于加强大中小学国家安全教育的实施意见》明确指出，“加强大中小学国家安全教育，使广大学生牢固树立国家安全意识，是立德树人的重要任务，是全民国家安全教育的重要内容，是党和国家的一项基础性、长期性、战略性工程，事关人民安居乐业，事关党和国家兴旺发达、长治久安”。

2022年俄乌冲突的爆发与延宕告诉我们，战争离我们并不遥远。“是故君子安而不忘危，存而不忘亡，治而不忘乱，是以身安而国家可保也。”在这种形势下，如若对广大学生的国家安全教育缺位、错位，社会主义事业的航船将面临礁石险滩，隐患重重。

其次，实现立德树人的基本要求需要加强大中小学生国家安全教育。学生的年龄阶段和所处时代环境使其易受到外界干扰，必须精心培育维护。从年龄阶段特征看，中小学生处于世界观、人生观、价值观形成的关键时期，随着年龄增长，好奇心和学习、接受新事物的能力逐渐增强，但总体认知能力欠缺，辨别是非的能力不足；大学生普遍思想活跃、思维灵敏、参与意识和求新意识强烈、追求实现自我价值，但心智尚未成熟、社会经验缺乏、防范意识不强、具有从众心理，容易受到多元思想的浸染与裹挟，在经济压力、就业压力和外来诱惑下，也容易出现社会认知和价值观念的偏差。

从时代环境看，现今的“00后”“10后”从小生活在物质生活丰裕的和平年代，对教科书中展示的山河破碎、国家危亡的历史记忆较为陌生，缺少居安思危的忧患意识，容易出现“国家安全就是国防安全”“和平时期无间谍”等错误思想。而目前新媒体的使用改变了信息和思潮传播的速度、广度、深度，网络环境日益纷繁复杂，海量的信息数据良莠不齐、真假难辨。一些文章、帖子、视频在别有用心之人的谋划和操纵下或以偏概全，或夸大其词，或颠倒黑白，配以煽动性强的标题和冲击力大的图片，极易造成大面积传播。作为信息时代的“原住民”，大部分大中小学生将网络当作接触和感知世界的重要媒介，世界观、人生观和价值观被上述不良信息冲击和误导的风险很大。

习近平总书记指出，青少年阶段是人生的“拔节孕穗期”，这一时期心智逐渐健全，思维进入最活跃状态，最需要精心引导和栽培。所谓“拔节孕穗期”，是谷物起身拔节至抽穗开花结果间的重要阶段，是春种秋收之间不可或缺的关键环节，也是最需要用心施肥加强营养的时期。“蒙以养正，圣功也。”实现立德树人的基本要求是，必须对这一阶段的大中小学生加强国家安全教育，帮助他们扣好人生的第一粒扣子，引导他们胸怀国家、坚定理想、走上正路。

再次，抵御敌对势力对我意识形态渗透和颠覆破坏需要加强大中小学生国家安全教育。当前，两种制度、两种意识形态的碰撞和较量日益激烈。各级各类高校历来处在文化交流、交融、交锋与意识形态领域斗争的前沿，是重要的教育阵地和思想文化阵地，学生则被敌对势力视为推行“和平演变”“颜色革命”、鼓吹“普世价值”“民主”“宪政”等口号、与我争夺人心的重点目标。近年来，学生参与危害国家安全的案件时有发生。在香港特别行政区发生的“修例风波”，使一批被“港独”思想蒙蔽的学生走上街头，对香港的社会和经济秩序造成了严重破坏，对国家的安全造成了很大威胁。其中几个乱港分子头目对历史无知，对是非无知，直接接受敌对势力资助和任务指派，恶意杜撰、歪曲事实真相，刻意引导舆论、搅弄风波，组织反政府暴力活动，甚至赴国外演讲并受反华政治人物“接见”，沦为美西方操纵的傀儡。境外敌对势力还经常瞄准学生的心理特点和现实困难，利用政治洗脑、高薪兼职、请教问题、情感拉拢等手段，一步步诱导其落入陷阱，走上泄露国家秘密甚至企图颠覆国家政权的道路。一些反华机构甚至意图染指中小学教材和读物，对更低龄的学生进行意识形态渗透。这既反映了境外敌对势力的无孔不入、猖狂险恶，也为我们强化青少年的国家安全教育敲响了警钟。

最后，在全民国家安全教育中，加强大中小学生国家安全教育是重要一环。教育部数据显示，2023 年，我国共有各级各类学校 49.83 万所，学历教育在校生 2.91 亿人，超过我国总人口的 1/5。加上推进大中小学国家安全教育相关的专任教师、公务人员、教材编辑和身为家长的“老、中、青”人群，群众基数更为庞大。如若大中小学生的国家安全教育得以强化，将进一步夯实国家安全的群众基础，带动全社会形成维护国家安全的强大合力。

“备豫不虞，为国常道。”推动大中小学生国家安全教育是一个长期性、系统性工程，必须通过解决好“培养什么人、怎样培养人、为谁培养人”的根本问题来实现。

首先，“培养什么人”。习近平总书记强调，我们的教育必须把培养社会主义建设者和接班人作为根本任务，培养一代又一代拥护中国共产党领导和我国社会主义制度、立志为中国特色社会主义奋斗终身的有用人才。具体到国家安全教育，则是一要固本培元，育人育心，引导大中小学生厚植爱国主义情怀，逐步树立家国意识和国家认同，坚定理想信念，明晰时代使命，砥砺奋斗精神，自觉把个人的小我融入国家的大我、人民的大我之中，将个人理想融入国家前途和民族命运之中，将青春奋斗融入党和人民事业之中。二要增强国家安全意识，不仅有主动维护国家安全、坚守国家秘密的自觉和态度，还要善于从维护国家安全的视角思考和审视各种复杂的社会现象，能够敏锐识别敌对势力披着各种外衣、打着各种旗号在意识形态领域进行的渗透破坏活动，再进一步的，还要胸怀世界，树立共同构建普遍安全的人类命运共同体的意识。近年来，多所大学、中学的学生准确识别敌对势力进行反动宣传、获取重要科研信息等风险，及时向国家安全机关和学校举报线索，体现了学生国家安全意识的提升。三要提高维护和塑造国家安全的能力，实学实干，通过知识积累和理论联系实际，拥有防范和化解各类风险、塑造更高层次的国家安全的能力。

其次，“怎样培养人”。《教育部关于加强大中小学国家安全教育的实施意见》细化了各级学校开展国家安全教育的目标，指出：“小学生应了解国家安全基本常识，增强爱国主义情感；中学生应掌握国家安全基础知识，增强国家安全意识；大学生应接受国家安全系统化学习训练，增强维护国家安全的责任感和能力。”国家安全教育应当尊重青少年发展规律，统筹协调各学段教育内容的安排衔接、多学科教育内容的输出平衡、多样化手段的配合运用，健全教育机制，夯实人才基础，形成上下联动、横向协作、贯通融合的新时代国家安全教育格局。尤需指出的是，面对美西方对我国愈演愈烈的遏压围堵、科技“脱钩”，应抓住基础研究这一科技创新的源头，全方位谋划基础学科人才培养，促进具有发展潜力的拔尖学生成长成才，让战略人才成为支撑我国高水平科技自立自强的重要力量。

最后，“为谁培养人”。大中小学国家安全教育与思想政治教育一样，都应着眼于“为党育人、为国育才”。因此，大中小学生国家安全教育的目标也应当以党的初心为初心，以党的使命为使命，着眼于为党和国家培养可靠可用的接班人，致力于中华民族的伟大复兴，使新时代伟大斗争、伟大工程、伟大事业、伟大梦想后继有人。

构筑凝心铸魂的教材体系

在青少年国家安全教育体系中，教材是教学的基本要素、教学内容的主要载体、教学活动的重要依据和实现教学目标的基本保证，占有极为重要的分量。优质、精品的教材能助力实现国家安全教育目标，劣质、混乱的教材则会酿成青少年思想混乱和意识形态崩塌的悲剧，威胁政治安全、国土安全、社会安全、文化安全等诸多领域国家安全。

俄罗斯的历史教材问题即为我们全面、严格把控教材质量做出了警示。2007 年 6 月 18—21 日，俄罗斯在首都莫斯科召开全国社会科学教师会议，对俄罗斯现行历史教材进行专门研讨，总统普京出席。会议中，俄罗斯历史教材存在的诸多问题被一一提及。包括：很多教材存在全盘否定甚至丑化俄罗斯历史的叙述和明显的、低级的错误，例如有的教材说“二战是斯大林领导下的苏联发动的”；不同的教材对历史的评价存在很大差异，例如针对戈尔巴乔夫的改革，有的教材说是“加强社会主义”，有的称是一场“革命”，有的则认为是一系列失败的举动；各个学校根据自己的需要选择不同教材展开教学，教材市场管理混乱、良莠不齐，充斥了一些以盈利为目的的出版物，一些编写者甚至“拿外国基金会的钱，完成他人的订货”。这直接导致俄罗斯历史教学思想的混乱，使历史虚无主义和媚外思想大行其道，成为各种势力煽动反俄情绪、鼓动地方民族分裂主义思想的工具，造成“社会思想像‘一锅粥’”，破坏了学生的历史记忆并引发国家认同危机。因此，俄罗斯开始着手设计历史教材编写的统一标准，并据此重新编制历史教材（经国家审定的历史教材已于 2016 年正式出版）。而早在美苏冷战时期，在美西方意识形态颠覆活动的推波助澜下，历史虚无主义就开始在苏联抬头，一些教材删除了卓娅、马特洛索夫等卫国英雄的壮举，出现了美化西方的内容，甚至宣传“苏联不是苏联人的苏联”这一概念，被这些教材浸润长大的青少年也最终成为推动红旗落地、苏联解体的力量。

事实上，在东西方激烈的意识形态斗争形势下，美西方和分裂势力早已将魔爪伸向下一代，伸向教材领域，将之作为从事“颜色革命”和颠覆分裂活动的工具。2021 年 4 月 6 日，在新疆维吾尔自治区涉疆问题新闻发布会上，新疆维吾尔自治区高级人民法院首次披露，以沙塔尔·沙吾提为首的分裂国家犯罪集团，将民族分裂、暴力恐怖、宗教极端等内容编入少数民族语言教材，在新疆印发近 2500 余万册，使用时间长达 13 年之久，造成极其严重的危害。[1]

教材也成为“港独”“台独”势力实现政治目的的重要抓手和争夺下一代的重要手段。其中，台湾地区民进党当局在 2019 年启用的课纲里大肆推动“去中国化”历史教育，妄图在将中国史虚无化的废墟上建构“新台湾史”，荼毒台湾地区年轻一代的民族认同和历史认知。

---

1 《新疆打掉教育系统以沙塔尔·沙吾提为首的分裂国家犯罪集团》，《人民日报》2021 年 4 月 7 日。

由此可见，教材对学生思想的教化何其重要，对维护国家安全何其重要。习近平总书记多次强调，教材建设是育人育才的重要依托。如果把教材比作一棵青松，根深、枝繁、叶茂才能屹立不倒，才能妥善荫庇树下的青少年。

首先，根要深。“求木之长者，必固其根本。”习近平总书记指出，建设什么样的教材体系，核心教材传授什么内容、倡导什么价值，体现国家意志，是国家事权，并针对义务教育阶段中道德与法治、语文、历史三科教材建设，提出“要从维护国家意识形态安全、培养社会主义建设者和接班人的高度来抓好”，对教材这一铸魂工程的正确导向以及党和国家对这一导向的全面把控高度重视。教材之“根”，就是牢牢把握正确政治方向，旗帜鲜明地体现党和国家意志、体现社会主义核心价值观，教育引导广大青少年树立正确的国家观、历史观、民族观、文化观、宗教观，坚定对伟大祖国、中华民族、中华文化、中国共产党、中国特色社会主义的高度认同。其中，博大精深的中华优秀传统文化是“立根”的珍贵养分，应当成为教材编写的重要内容。这个根，只有扎得深、扎得牢，才能经受住外界的狂风暴雨，才能为青松的茁壮成长奠定基石。

其次，枝要繁。国家安全教育必须深入教材体系的各个关键部分，广开枝杈，为后续针叶的茂密生长提供充足的空间。一方面，应组织编写针对青少年的国家安全专门教材，辅以总体国家安全观的普及读物，让大中小学生能从不同角度、不同深度学习总体国家安全观的内涵与外延、理论性与现实性，感悟其磅礴伟力，从而认识国家安全、定位国家安全、把握国家安全；另一方面，应组织修订中小学相关教材，强化语文、思想政治、道德与法治、历史、地理、信息技术等课程的政治安全、经济安全、国土安全、社会安全、生态安全、网络安全教育，充分介绍国家安全常识，体现国家安全意识，修订大学思政和专业教材，提升不同专业方向大学生维护国家安全的责任感和能力。在教材编写、修订过程中，应着力做好总体国家安全观的全面、系统、有机融入，掌握好总体国家安全观在不同学段、不同学科教材中“进什么、怎么进、进到哪”，更好地贴近学生思想、学习和生活实际，既能进行系统的理论知识教育，又能入情入理地回应现实问题。

再次，叶要茂。一棵青松如若针叶尽枯，纵然根深蒂固、枝系浓密也是枉然。质量是教材的生命线，教材质量直接决定育人质量。不断提高教材质量，打造精品教材，是教材建设工作的“重中之重”，也是国家安全教育的基本保障。习近平总书记提出了“用心打造培根铸魂、启智增慧的精品教材”的高要求。做到“用心”，需要让教材建设工作组织者和教材编写者秉持专业心、专注心、责任心；做到“培根铸魂”，需要让教材切实担负起实现立德树人根本任务的历史使命，引导青少年形成正确的人生观、价值观、世界观，树立共产主义远大理想和中国特色社会主义共同理想；做到“启智增慧”，需要让教材担负起支撑教育强国目标的重要功能，把科学知识、先进理念、思想方法传授给学生，使青少年学知识、长才干，增智慧、明事理，辨是非、走正路，德智体美劳全面发展，成为堪当民族复兴大任和接棒社会主义事业的时代新人。人心齐人才强，则民族兴国家安。依托一批批高质量教材，培养一代代高素质人才，党和国家的兴旺发达、长治久安就有了更多保障。

最后，阳光雨露和剪枝除虫要合适。教材建设是一个庞大的工程，涉及编写、审核、出版、选用等各个环节，必须要健全工作机制，畅通体系运转，严格规范管理，完善配套措施。要建设高素质专业化的教材编审队伍，做好相关人才的培养与培训工作。要把教材审核上升到国家安全层面，明确底线，划定红线，用放大镜甚至显微镜看，全面堵塞漏洞。要开展大中小学精品教材和优秀国家安全教育教材相关评选和奖励工作，激励整个教材建设工作以及国家安全教育教材编写工作向前推进。

做好国家安全的“引路人”

从古至今，教师都是教育工作的中坚力量，是教育发展的第一资源，被赋予重任，被寄予厚望，也承载着社会的敬重。党的十八大以来，习近平总书记每逢教师节都到学校看望师生或致信祝贺，多次视察各类学校、与师生座谈交流，就教师工作作出一系列重要指示，“教师是立教之本、兴教之源，承担着让每个孩子健康成长、办好人民满意教育的重任”；“广大教师要做学生锤炼品格的引路人，做学生学习知识的引路人，做学生创新思维的引路人，做学生奉献祖国的引路人”。这些重要指示体现了习近平总书记对教师地位和作用的高度肯定。

在筑牢校园国家安全屏障中，教师也理所当然承担了重要的使命。一是因为教师做的是传播思想、塑造灵魂的工作。习近平总书记指出，教师是人类灵魂的工程师，承担着神圣使命。唐代韩愈曾言：“师者，所以传道授业解惑也。”将“传道”置于“授业”“解惑”之前，摆在首位。在校园生活中，教师“吐辞为经、举足为法”，一言一行都对广大学生有着直接的深远的影响，高校教师尤其因其学术水平和号召力在社会思潮的接受和传播中起到关键作用。教师只有自身明道、信道，做马克思主义和中国特色社会主义的坚定信仰者和忠实实践者，忠诚于党和人民的教育事业，才能行道、传道，承担好学生健康成长的指导者和引路人的责任，有益于学生的国家安全教育，进而有助于维护国家安全。在新文化运动中，陈独秀、李大钊等大学教师创办《新青年》等杂志，积极传播马克思主义和先进文化思想，带动一批青年学生率先觉醒，为后来的五四运动、建党伟业、新民主主义革命奠定了思想基础。

但是，如若教师理想信念不正确，信的是邪门歪道，传的是异端邪说，则将成为国家安全的一颗“毒瘤”，经其“传道”的学生也容易成为长着中国脸、不是中国心的“社会主义破坏者和掘墓人”。2014 年，中央民族大学教师伊力哈木 · 土赫提被判“分裂国家罪”。他与境外“东突”势力勾结，多年来利用互联网鼓吹“新疆独立”，利用讲堂煽动“推翻政府”，形成了以其为头目的分裂国家犯罪团伙。这种利用教师身份从事分裂活动的行为直接影响了学生的三观塑造，对国家安全和社会稳定造成了严重危害。

二是因为教师做的是传播知识、启迪智慧的工作。教师对学生的教育，既有教材内容的吸收转化、延伸拓展，也有思辨能力的培养以及创新精神的激发。立足在当前整体的国家安全教育处于起步阶段、教材体系仍在完善的情况下，教师在对各学段学生启蒙和增强国家安全意识、树立和践行总体国家安全观中有着相当的主观能动性和很大的发挥空间。例如，在初中地理课“极地地区”部分的教学中，教师可以在依托教材讲述两极地区自然环境特殊性和科考现状的基础上，由气候变暖导致的海冰融化现象延伸出北极地区资源开采与争夺涉及的资源安全问题、海平面上升涉及的岛屿国家社会安全与经济安全问题、生物多样性减少涉及的生态安全问题等国家安全问题，引导学生了解我国参与北极事务的目标宗旨以及2020年提出的碳达峰、碳中和目标，认识到我国履行负责任大国、推动构建人类命运共同体、维护全人类共同安全的重大历史担当，同时明白生活中的小事与全球气候变暖的大事密不可分，自觉将课堂内容转化为自身实践。由此，不仅可以以总体国家安全观增强学生知识的广度和深度，锻炼知行合一的素养，而且学生的国家安全意识和维护国家安全的能力也在潜移默化中被逐渐培养起来。

三是因为教师做的是与学生朝夕相处的工作。学龄阶段的学生一天中的大部分时间是在学校度过的，因而教师有着长时间近距离观察学生动态的机会。用心的教师会主动关心学生的学习生活，细心发现学生思想变化和心理状态的变化，通过谈心或者对他们适时进行思想辅导和干预，或者及时帮助他们解决实际困难，从而把风险控制在未萌状态，避免他们走上危害国家安全的道路。

习近平总书记对如何做一名好老师提出四点要求，即“要有理想信念、有道德情操、有扎实学识、有仁爱之心”。一名好老师要做好学生国家安全的“引路人”，在符合以上四点要求的基础上，还要具体在三方面下功夫。一是加强总体国家安全观学习。教师对总体国家安全观的学习领悟关系到其为学生传授、解读国家安全的准确性，教师的国家安全意识则关系到其对国家安全相关问题的关注程度和对教材中国家安全教育内容的挖掘程度，直接影响到国家安全教育目标的实现。因此，应坚持教育者先受教育，对总体国家安全观进行系统深入学习，对党的二十大精神和其他重要会议精神进行及时跟进学习，不断以党的最新理论武装头脑，加深对总体国家安全观的学思践悟，为准确、有效地实施国家安全教育打下基础。

二是不断提升知识储备。庄子言:“且夫水之积也不厚，则其负大舟也无力。”苏联教育家苏霍姆林斯基也曾指出:“为了使学生获得一点知识的亮光，教师应吸进整个光的海洋。”教师如果对国内外形势和时事社会热点了解不足，看待问题的视野狭窄，在国家安全教学中必然乏善可陈、捉襟见肘，更谈不上游刃有余、润物无声，学生听之无味、所知寥寥，教学效果也必然会大打折扣。因此，广大教师应当把学习当作一种责任、一种追求、一种习惯，通过读书提升自己知识的深度，通过关注时代和社会拓展自己视野的广度，积累更多和国家安全相关的教学素材与资源，深入地开展国家安全教学。

三是走进学生的心灵。教师应做学生的知心人，不仅对学生进行学习生活上的鼓励帮扶、精神上的开导解惑，还要勇当“吹哨人”“拆弹者”，对于学生成长中出现的问题早发现、早研判、早处置，及时将长歪的小苗扶正，做好青少年尤其是高校学生国家安全风险的直接责任人。

参 考 文 献

1 《毛泽东选集》第二卷，人民出版社 1991 年版。

2 教育部课题组编:《深入学习习近平关于教育的重要论述》，人民出版社 2019 年版。

3 周洪宇、李宇阳:《建设教育强国》，中国青年出版社 2022 年版。

4 刘书林:《社会思潮与青年教育研究》，高等教育出版社 2010 年版。

5 郝志军、王鑫:《加快形成中国特色高质量教材体系——习近平总书记关于教育的重要论述学习研究之三》，《教育研究》2022 年第 3 期。

6 张树华:《俄罗斯重编历史教科书 重新认识苏联历史》，《党政干部文摘》2007 年第 10 期。

7 《新疆打掉教育系统以沙塔尔·沙吾提为首的分裂国家犯罪集团》，《人民日报》2021 年 4 月 7 日。

4

第四章

灵活多样的国家安全教育

教育是立国之本，强国之基。国家安全教育是爱国主义教育和国防教育的持续深化，是新时期贯彻总体国家安全观的客观要求，也是在世界进入新的动荡变革期之际排除风险继续谋发展的内在需求。2015 年 7 月实施的《中华人民共和国国家安全法》明确规定，国家加强国家安全新闻宣传和舆论引导，通过多种形式开展国家安全宣传教育活动，将国家安全教育纳入国民教育体系和公务员教育培训体系，增强全民国家安全意识；机关、人民团体、企业事业组织和其他社会组织应当对本单位的人员进行维护国家安全的教育。

开展形式多样的国家安全教育，根据不同年龄、不同职业、不同兴趣人群的特点，有针对性地投放教育资源，把普及化与专门化、专业性与娱乐性、感性认识与理性思考结合起来，让大家各取所需、各有所得，才能更好达到国家安全入脑、入心，并自觉转化为行动的良好目的。

新时期的国家安全教育，要在总体国家安全观指导下，继续开拓思维、创新形式，通过情感熏陶、知识传授、技能培训等多层次、多领域、多渠道展开，让国家安全教育进家庭、进学校、进社区、进网络，不断增强全民国家安全意识和素养，构建适合中国国情的国家安全教育体系，筑牢国家安全人民防线。

国家安全与融合教育

2018年9月10日，习近平总书记在全国教育大会上指出，办好教育事业，家庭、学校、政府、社会都有责任。同样的，做好教育工作，家庭、学校、社会也应各担其责，互相呼应。虽然围绕国家安全的教育工作比较抽象，但也不能只是简单说教或一味灌输，而应注重从小到大潜移默化的影响。国家安全教育是新形势下的爱国主义教育，应贯穿于一个人成长的各个时期，从家庭到学校，从社区到社会，既有相关知识的学习，也有寓教于乐的活动，润物无声才能入眼、入脑、入心、入行。

家庭教育——家庭是人生的第一所学校

家长是孩子的第一任老师。一个人从呱呱落地到牙牙学语，与家人的亲密关系，对家庭的情感依赖，将在日后转变为对国家的朴素情感与责任。苏联教育家苏霍姆林斯基说过，“忘记亲情的人不会有爱国主义情感：那些忘记自己在会走路之前是在摇篮里度过时光的人，那些对身受其养育之恩的母亲冷漠无情的人，是不会有崇高的爱国主义的情感的”。这与中国人经常讲的家国情怀，有国才有家，有大家才有小家的内涵是一致的，反映了家庭对一个人爱国情感培养的重要。这种朴素的家国情感，在幼儿时期形成，像一根红线贯穿人的一生。国家安全教育建于朴素的家国情感之上，爱国主义、维护国家安全的情感和信念就会清澈纯洁，长流不息。

家庭教育影响人的一生，好的家庭教育令人终生受益。所谓“爱子，教之以义方”“爱之不以道，适所以害之也”。父母作为孩子的第一任老师，在很多方面是孩子学习、模仿的对象。有什么样的家教，就会有什么样的人。作为父母和家长，要把美好的道德观念从小传递给孩子，引导他们做有骨气和气节的人，做堂堂正正的中国人，做对国家和人民有用的人。幼儿时期埋下的爱家、爱家人的种子，在进入学校后，会更容易生成朴素的爱国家、爱人民的情感，为孩子们接受全面的爱国主义教育和国家安全教育打下良好基础。

学校教育——从朴素感情到行动自觉

学生时期是学习知识，形成正确人生观、世界观、价值观的重要时期。一个人在这一时期，对国家和民族的朴素情感升华为理性的认知，转化为行动的自觉。因此，学校是进行爱国主义教育和国家安全教育的重要场所。

《中华人民共和国国家安全法》提出“将国家安全教育纳入

国民教育体系”的要求。2020年10月，《教育部关于印发〈大中小学国家安全教育指导纲要〉的通知》发布，指导大中小学系统、规范、科学地开展国家安全教育。《大中小学国家安全教育指导纲要》确立了不同阶段国家安全教育的目标：

小学阶段，重点围绕建立国家概念，启蒙国家安全意识。学生初步了解国家安全基本常识，感受个人生活与国家安全息息相关，增强爱国主义情感。

初中阶段，重点围绕认识个人与国家关系，增强国家安全意识。学生初步了解总体国家安全观，掌握国家安全基础知识，理解国家安全对个人成长的重要作用，初步树立国家利益至上的观念。

高中阶段，重点围绕理解人民福祉与国家关系，树立总体国家安全观。学生理解总体国家安全观，初步掌握国家安全各领域内涵及其关系，认识国家安全对国家发展的重要作用，树立忧患意识，增强自觉维护国家安全的使命感。

大学阶段，重点围绕理解中华民族命运与国家关系，践行总体国家安全观。学生系统掌握总体国家安全观的内涵和精神实质，理解中国特色国家安全体系，树立国家安全底线思维，将国家安全意识转化为自觉行动，强化责任担当。

教育部的《大中小学国家安全教育指导纲要》主要针对的是内地的学校，并未对“一国两制”下的香港和澳门提出具体要求。不过，按照2020年6月实施的《中华人民共和国香港特别行政区维护国家安全法》（以下简称香港国安法）有关规定，香港特区对学校、社会团体、媒体、网络等涉及国家安全的事宜，特区政府应采取必要措施，加强宣传、指导、监督和管理；应当通过学校、社会团体、媒体、网络等开展国家安全教育，提高居民的国家安全意识和守法意识。

香港视国家安全教育为国民教育的一部分，认为“国家安全教育的基础是培养学生的国家观念、民族感情、国民身份认同，以及共同维护国家安全的意识和责任感，因此国家安全教育并非只限于认识香港国安法相关条文内容，更应涵盖香港国安法的立法背景和意义，亦包括让学生认识国家安全的不同领域，例如生态安全、经济安全、文化安全、网络安全等国家安全体系中不可或缺的部分”。2021年2月，香港教育局向全港学校发出通告，就维护国家安全提供学校行政及教育指引，并公布国家安全教育在学校课程的推行模式及相关的学与教资源，协助学校落实相关措施，以维护安全有序的校园学习环境，开展国家安全教育。2024年3月，香港完成基本法第二十三条立法的宪制责任，制定实施《维护国家安全条例》。为更好进行国家安全推广工作，成立了“爱国主义教育工作小组”，设立国家安全展览馆，培养地区导师等。

澳门方面，爱国主义教育基础较好。回归后，特区政府重视爱国爱澳工作，自 2009 年以来，完成澳门基本法第二十三条规定的维护国家安全立法，设立由行政长官担任主席的维护国家安全委员会，修订完善相关配套法律，加强执法力量建设，积极推进国家安全教育。通过学习中国历史、推出相关教材，所有学校升挂国旗，以及设立家国情怀馆、青少年爱国爱澳教育基地等，丰富学生对国家历史和国家安全的多元学习体验，强调知与行的自觉转化。

社会大课堂——国家安全教育的延伸与拓展

人在社会中生活，除接受家庭教育和学校教育之外，社会教育也无处不在。即便是在校的学生，现在也很难做到“两耳不闻窗外事”，而需要“家事、国事、天下事，事事关心”。

社会，拓宽了教育的视野，为灵活多样的国家安全教育提供了广阔舞台。如果说，国家安全概念本身有点抽象，内容又较为丰富，单纯的知识教育难免枯燥，那么实践活动会让这一切变得生动形象、立体丰满，让人从历史故事中、从具体实例中，从远方的英雄和楷模、从身边的人和事上，深切感知、感悟，了解国家安全的内涵与外延，理解维护国家安全的重要性，体会特殊战线维护国家安全的艰辛。

涉国家安全的实践活动要针对不同年龄段、不同职业群体量身打造，知识教育与实践教育有机结合，校园活动、社区活动、社会活动各有侧重。推动国家安全教育活动“七进”——进机关、进乡村、进社区、进学校、进企业、进军营、进网络，令参与者可以由表及里、由感性到理性、由感觉到知觉、由他人及自身，全面、立体地理解国家安全与个人的关系，从而达到国家安全教育内化于心、外化于行的目的。

国家安全教育课堂内外

2018 年 4 月印发的《教育部关于加强大中小学国家安全教育的实施意见》，提出构建完善国家安全教育内容体系、研究开发国家安全教育教材、推动国家安全学学科建设、改进国家安全教育教学活动、推进国家安全教育实践基地建设、丰富国家安全教育资源、加强国家安全教育师资队伍建设、建立健全国家安全教育教学评价机制共八方面重点工作，全面改进以学校为依托进行的国家安全教育。与此同时，鼓励引导社会力量积极参与，支持社会组织和个人开展有益于国家安全教育的活动，在全社会营造浓厚的国家安全教育氛围。

生动活泼的国家安全课堂

课堂是进行国家安全教育的主渠道。当前，国家安全教育已经进入大中小学生的日常课堂，形成纵向衔接、横向配合、有机融入的教育格局。

2021 年秋季学期开始，全国各地（除港澳台外）中小学开始使用《习近平新时代中国特色社会主义思想学生读本》，其中有“国家安全是头等大事”的专门章节，介绍总体国家安全观，帮助学生树立“维护国家安全人人有责”的理念。2021 年教育部启动编写《国家安全教育读本》工作，要打造融思想性、政治性、学术性、适宜性为一体的精品教材，旨在落实总体国家安全观，对全体大学生进行系统的国家安全教育，培养社会主义建设者和接班人，2023 年春季学期全面投入使用。《国家安全教育读本》有小学生、初中生、高中生和大学生版，根据不同年龄段学生的情况，教学内容深浅各异。随着 2020 年“国家安全学”成为一级学科，相应的教材编写、课程设置、人才培养等逐步展开，国家安全教育更为系统、专业。

围绕国家安全教育，学校除开设专门课程外，还进行专题教育。有些省市会专门组织面向全省（市）的国家安全课堂，邀请专家公开授课，电视同步直播。教育部近年还在全民国家安全教育日推出以“千万师生同上一堂国家安全教育课”为主题的公开课等。

国家安全课堂教育还体现在涉国家安全内容的各学科融合教学。思想政治、历史、语文、法律、经济金融、信息技术等课程都涉及国家安全的内容，可采取互动式、启发式、交流式教学，抓住青少年“拔节孕穗”的关键期，引导他们把爱国情、强国志、报国行自觉融入坚持和发展中国特色社会主义事业、维护国家安全、实现中华民族伟大复兴的奋斗之中。

香港和澳门两个特区同样重视国家安全的课堂教育。香港教育局从教材、教师、教学入手，继续强化宪法、基本法和香港国安法教育，将爱国主义精神、维护国家安全的意识贯穿于学校教育全过程。如香港教育局采取“多重进路、互相配合”的方式，自 2018—2019 学年起，把初中中国历史科列为独立必修科；以公民与社会发展科取代通识科，帮助学生正确理解国家发展、香港定位以及世界大势；2020 年香港国安法颁布实施后，特区政府在学校课程中加入国家安全教育，教育局公布《香港国家安全教育课程框架》和 15 个相关科目的国家安全教育课程框架，让国家安全教育元素与科目的相关课程内容有机结合，并通过全校参与和跨科协作，以“多重进路”方式于课堂内外加强学生对国家的归属感及维护国家安全的意识。澳门方面，所有学士学位课程均设有宪法和澳门基本法相关教学内容；中国历史已列为学生的必修课程；获内地专业出版机构的支持，出版中学《历史》教材，以及中小学的《品德与公民》《中国语文》等教材，更推出葡文版及英文版的《历史》教材供国际学校使用。

融合教学对培养学生的家国情怀、国家安全意识效果显著。未来，要进一步创新国家安全教育的形式，丰富和优化课程资源，开发体现国家安全教育要求的音乐、美术、书法、舞蹈、戏剧作品等形式，增强吸引力、感染力，让国家安全课堂成为学生喜闻乐见的新宠儿。

潜移默化的校园文化

教育的本质是文化陶冶。在学校进行国家安全教育离不开相关校园文化建设。校园文化建设可以体现在学校的教学、科研、管理，以及各种校园活动之中。通过校园文化建设强化维护国家安全的教育，在相对轻松随意的环境中让学生了解到国家安全的相关知识，可以起到事半功倍的效果。

内地广大中小学及大专院校，可以依托少先队、共青团、学生党支部、学生会、学生社团等组织，开展知识竞赛、演讲比赛、文艺表演等形式多样的国家安全教育主题活动；结合全民国家安全教育日、节日庆典、入学教育、升旗仪式、军训等重要时间节点，组织国家安全系列特色教育活动；规范学生成人仪式宣誓词，增加维护国家安全方面内容；利用学校各类社团、报刊媒体、广播站、宣传栏等平台，实现国家安全知识传播常态化；鼓励和支持学校网站开设国家安全宣传专栏或在线学习平台，开发适合互联网、移动终端等新兴媒体传播手段的国家安全教育精品资源等。

香港和澳门的学校虽然在管理上与内地有所不同，但同样重视校园文化建设。回归后，不少学校从升国旗、唱国歌开始，为既有的校园文化融入认识国家、热爱国家的内容，如香港的国家安全教育包括：上课日升旗，升旗礼仪式，早会、周会分享，课外活动等，让学生沉浸于相关的氛围中；通过训辅政策、价值教育、生涯规划、社会服务，培养学生正确的品德操守、家国观念等。澳门所有学校，包括教会学校及国际学校，都会升挂国旗，还成立了学界升旗队等。

引人入胜的社会实践

在学校开展国家安全教育，除了充分利用校内资源外，还要积极“请进来、走出去”，充分利用社会力量、社会资源，以丰富校园内的国家安全教育活动。

总体国家安全观涵盖的领域非常广泛，包括政治安全、国土安全、军事安全、经济安全、文化安全、社会安全、科技安全、网络安全、生态安全、资源安全、核安全、海外利益安全以及太空、深海、极地、生物等不断拓展的新型领域安全。如果要深入了解各个领域的发展状况、存在风险、应对之策等，除了教师泛泛地讲解，还需要相关领域专家的进一步阐述。学校可以借助各类场馆、基地、设施，如组织学生参观纪念馆、展览馆、博物馆、烈士纪念设施，参加军事训练、冬令营夏令营、公益活动，以及强化与城市社区、农村、企业、部队、社会机构等的联系等，丰富、拓展国家安全教育校外实践，通过组织现场教学，强化学生的体验感受，让显性教育与隐性教育相互渗透，不仅可以促进学生对国情民情的了解，还可以强化学生建设祖国的责任担当，在爱国主义教育过程中完成维护国家安全的教育。

各类社会资源也需面向学校，主动提供适合学生参与的实践活动，通过讲座展览、网上展示、实践体验等，增强对学生群体的吸引力和传播力，打造学生喜闻乐见的宣传平台，让国家安全教育课“活起来”“动起来”，深入人心。

打造国家安全教育示范基地

国家安全教育不仅是学校的工作，还是整个社会治理的重要一环。维护国家安全能力的提升，本身就是社会治理体系和治理能力现代化的标志之一。政府、社会要担负起维护国家安全的责任，打造国家安全教育大众品牌，推进国家安全教育基地建设，促使整个社会形成维护国家安全的良好氛围。

国家安全教育基地的建设要统筹利用现有资源，可建设符合总体国家安全观要求的综合性教育实践基地，也可建设满足不同领域国家安全教育需求的专题性教育实践基地，还可在原有爱国主义教育及国防教育基地基础上增加国家安全教育内容，并积极建设对社会开放的隐蔽战线教育馆，直观反映一线的国家安全斗

争，形成逻辑体系完整的基地教育模式。

走好新时代的“赶考路”

爱国主义教育是国家安全教育的基础。不忘初心、牢记使命的红色传承教育在国家处于发展关键期时更显重要。

1994 年，中共中央印发《爱国主义教育实施纲要》，部署建设爱国主义教育基地。1997 年 7 月，中宣部向社会公布了首批百个爱国主义教育示范基地。2001 年 6 月，中宣部公布了以反映党的光辉历史为主要内容的第二批百个爱国主义教育示范基地。此后，中宣部又先后于 2005 年 11 月、2009 年 5 月、2017年3月、

2019年9月公布了四批全国爱国主义教育示范基地。2021年6月，在庆祝中国共产党成立100周年之际，中宣部命名第七批111个全国爱国主义教育示范基地，全国爱国主义教育示范基地总数达到585个。

这些基地覆盖了各个历史时期的重大历史事件、重要人物和重要革命纪念地，从不同角度记录了中华民族悠久灿烂的历史文化，展现了中国改革开放和社会主义现代化建设的丰硕成果，反映了中国共产党人不忘初心、牢记使命，为中国人民谋幸福、为中华民族谋复兴的伟大奋斗历程。

近年，香港、澳门开始建设爱国主义教育基地，并将其作为国家安全教育的重要场所。如位于青衣的“青年发展及国民教育基地”，设于柴湾青年广场的“公民教育资源中心”等。2022年9月，香港沙头角抗战纪念馆开馆。这是香港首个长期展示东江纵队港九大队历史的国民教育基地，也是第一间集中介绍中国共产党在香港历史贡献的纪念馆。纪念馆由“香港抗日第一家”罗氏族人的祖屋改建而成。罗家大屋是港九大队的活动基地及交通站，大屋附近一带是港九大队沙头角中队和海上中队主要的活动地区。抗战期间，罗家有11人参加中国共产党领导的抗日游击队，港九大队共有115名烈士为保卫香港献出了宝贵的生命。“我们开办这个纪念馆，目的在于展示港九大队抗战的历史，教育启迪后代。希望大家弘扬前辈爱国爱港的传统，为国家和香港的发展贡献力量。”这段话写在纪念馆参观行程的最后，启示人们不忘历史，接续奋斗。2024 年 9 月，香港海防博物馆改为香港抗战及海防博物馆，重点介绍抗日战争历史，成为爱国主义教育的又一重要基地。

2019 年 5 月，澳门设立家国情怀馆。该馆位于青洲大马路青怡大厦，馆内包括全方位 LED 体验区、图书阅览区、互动展区、多功能厅、宪法基本法“咖啡角”等，是澳门青少年学习中华文化、了解国家历史、普及宪法知识、培养家国情怀的重要的爱国主义教育基地。2020 年 12 月，澳门首个青少年爱国爱澳教育基地在澳门回归贺礼陈列馆揭幕启用，进一步丰富学生对国家和澳门历史的认知。

和平不忘忧患

国土安全是国家安全的重要内容。加强国防建设是维护国土安全的重要手段。国防建设包括硬件建设和软件建设，其中软件建设涉及对国民进行维护国家主权、安全、发展利益等方面的思想和知识教育，也就是我们常说的国防教育。

国防教育是建设和巩固国防的基础，也是增强民族凝聚力、提高全民素质的重要途径。2011 年 7 月 29 日，中共中央、国务院、中央军委印发《关于加强新形势下国防教育工作的意见》，要求全面落实国防教育法，大力弘扬爱国主义精神，增强全民国防观念，促进建设和巩固国防。2022 年 9 月，中共中央、国务院、中央军委印发《关于加强和改进新时代全民国防教育工作的意见》，要求贯彻总体国家安全观，加强国防理论、国防知识、国防历史、国防法规、国防科技、国防形势与任务、国防技能学习教育，推动各省区市建设一批国防特色鲜明、功能设施配套的全民国防教育基地。

国防教育基地主要有用于缅怀纪念的场所，包括纪念馆、纪念地、领袖故居、烈士陵园、革命和历史遗址等；用于观摩学习的场所，包括博物馆、科技馆、文化宫、青少年宫、国防园、兵器馆、部队荣誉（军史）馆等；用于开展军事训练的场所，包括民兵训练基地、学生军训基地、少年军校等；其他具有国防教育功能的场所。这些基地集教育、体验、素质拓展、学习、娱乐等功能为一体，可以令国防教育更立体、更具针对性，是服务、凝聚、教育广大青少年的活动基地，也是面向全社会普及国防知识、增强国家安全意识、强化国民凝聚力、增强国民素质的活动平台。2001 年 4 月，《中华人民共和国国防教育法》（2018 年 4 月修订）公布后，各地政府命名了许多国防教育基地，为国防教育提供了更多的活动场所，丰富了国防教育的内容和形式。

没有硝烟的战争

毛泽东讲过，我们要消灭敌人，有两种战争：一种是公开的战争，一种是隐蔽的战争。在中国共产党艰苦漫长的斗争历程中，党的隐蔽战线工作是党和国家革命事业不可分割的重要组成部分。隐蔽战线本身是隐蔽的，但隐蔽战线教育却是可以公开的。

2020 年 12 月，习近平在主持中共中央政治局第二十六次集体学习时，就贯彻总体国家安全观提出 10 点要求，其中包括加强国家安全干部队伍建设，打造坚不可摧的国家安全干部队伍。通过对社会开放的隐蔽战线教育馆，可以展现这支队伍在不同时期为保卫党中央和维护国家安全所作的斗争，令参观者对维护国家安全有更直观、深刻的认识。

江苏国家安全教育馆

江苏国家安全教育馆位于南京雨花台景区，2009 年 4 月起向公众免费开放。由国家安全部政治部、江苏省委宣传部和江苏省国家安全厅三方共建，是国内首家独立成馆的以国家安全教育为主题的综合性展馆。展馆通过史料图片展示、仿真模型、场景再现、情景互动等形式，展现了隐蔽战线斗争的尖锐复杂，彰显无名英雄们的丰功伟绩。

绥芬河国家安全教育展馆

2019 年 4 月，在第四个全民国家安全教育日到来之际，绥芬河国家安全教育展馆举行“全国国家安全教育基地”命名揭牌活动。该馆经国家安全部批准，由黑龙江省国家安全厅和中共绥芬河市委共同主办，向公众免费开放。这是东北地区首个向公众开放的国家安全教育基地。展馆所在的绥芬河市大白楼始建于1903年，曾是我党和共产国际在东北地区秘密交通线的重要站点，是早期红色秘密国际通道的历史见证，为中国革命和世界反法西斯斗争作出贡献。展览由序厅、总体国家安全观、无名丰碑、峥嵘岁月、神圣使命、钢铁长城、周恩来展区和历史人物走廊展区八部分组成。以总体国家安全观为主线，系统介绍了党的隐蔽战线的光辉历史、展现了隐蔽战线儿女为保护党，保卫革命胜利所作的突出贡献，同时结合黑龙江地域特色，用真实案例展示了新形势下我国在反渗透、反颠覆、反分裂、反恐怖、反间谍等方面面临的威胁与挑战。

湖南省国家安全教育基地

2021年7月，湖南省国家安全教育基地落地衡阳“归园”。该基地分A、B两馆，其中A馆展示了建党初期与大革命、土地革命、抗日战争、解放战争等时期党领导下的隐蔽战线斗争，以及各时期在湖南的中国共产党先驱与隐蔽战线工作者投身革命事业，舍生取义、力挽狂澜的事迹，还展示了新时代国家安全的“攻与防”。B馆展示了牺牲在隐蔽战线上的衡阳“一门四忠烈”段沄、段复、段徽楷和谢小球四位革命烈士的英勇事迹。

钱壮飞纪念馆

2017 年 4 月，位于浙江省湖州市的钱壮飞纪念馆“全国国家安全教育基地”揭牌活动举行。钱壮飞是我党隐蔽战线的“龙潭三杰”之一。纪念馆由序厅、投身革命、沪杭两年、龙潭潜伏、金陵之夜、红都岁月、长征路上和尾厅八部分组成，共陈列文献、报刊、图片、实物、画作、模型和影视作品等 1000 余件，辅以声、光、电等技术手段，全景再现了钱壮飞烈士光辉而传奇的一生。

刘公岛总体国家安全观教育培训基地

随着贯彻总体国家安全观的推进，一些省市在整合已有国家安全教育场所基础上，打造总体国家安全观教育基地，如山东省威海市以刘公岛为主体的总体国家安全观教育培训基地。这是全国首个以“总体国家安全观”为主题的教育培训基地，承载着习近平总书记的嘱托。2018 年 6 月，习近平视察刘公岛时，曾登上东泓炮台遗址，了解北洋海军威海卫基地防务情况和威海卫保卫战、刘公岛保卫战历史，并参观甲午战争博物馆。在视察过程中，他语重心长地说：“我一直想来这里看一看，受受教育。”“要警钟长鸣，铭记历史教训，13 亿多中国人要发愤图强，把我们的国家建设得更好更强大。”

2019 年底，刘公岛总体国家安全观教育培训基地建设正式启动，紧紧围绕“国家安全 头等大事”的主题展开，按照“串点成线、连线成块、覆盖全域”思路，将威海全域革命斗争、国防海防、军民融合、主题公园等资源有机融合，形成“1+3”的总体架构，即1个龙头板块、3个专题板块。龙头板块在刘公岛，3个专题板块包括“国家安全 警钟长鸣”“国家安全 来之不易”和“国家安全 关系你我”。目前，基地现场教学点均已建成并投入使用，知名度和影响力不断上升，被授予“全国保密教育示范基地”及“山东省国家安全人民防线教育培训基地”“山东省青少年总体国家安全观教育实践基地”“中小学生研学基地”等。

国家安全教育创新发展

新的时代背景下，国家安全的内涵和外延不断扩展，国家安全教育的方式方法不断创新，平台载体不断拓展，资源也越来越丰富多样，尤其是通过民众喜闻乐见的音乐、美术、文学、戏剧、影视、动漫，以及游戏等作品，增强了教育的吸引力、感染力、影响力，让不同年龄、不同职业的人都能找到适合自己的“产品”，从中学到知识技能，得到启迪教育。有些优秀的作品还产生巨大的社会影响，成为“现象级”力作，起到“入心也深，化人也速”的作用。

国家安全教育日活动各具特色

每年的全民国家安全教育日都会确定一个主题。如 2017 年的主题是“以人民安全为宗旨”；2018 年为“深入学习宣传宪法，开拓新时代国家安全工作新局面”；2019 年为“坚持总体国家安全观，着力防范化解重大风险，庆祝中华人民共和国成立 70 周年”；2020 年为“坚持总体国家安全观，统筹传统安全和非传统安全，为决胜全面建成小康社会提供坚强保障”；2021 年为“践行总体国家安全观，统筹发展和安全，统筹传统安全和非传统安全，营造庆祝建党 100 周年良好氛围”；2022 年为“树牢总体国家安全观，感悟新时代国家安全成就，为迎接党的二十大胜利召开营造良好氛围”；2023 年为“贯彻总体国家安全关，增强全民国家安全意识和素养，夯实新安全格局保障新发展格局的社会基础”；2024 年为“总体国家安全观 创新引领 10 周年”。

围绕每年的主题，各部门各单位根据自己的情况积极落实。如教育部每年会发布相关通知，督促各教育厅局及高校、电视台等做好相关工作。如 2019 年强调依托国家安全有关部门、研究机构及专家学者，组织专题讲座、报告会、研讨会；会同相关部门举办知识竞赛、演讲比赛、微课大赛；通过电视授课、网络直播、巡回讲座等方式，有机结合“实体课堂”“空中课堂”“网络课堂”，扩大教育覆盖面和受益面，形成“千万学生同上一堂国家安全教育课”的生动局面，切实增强广大师生维护国家安全的意识和能力。2021年，指导举办多项线上线下主题活动，包括录制播出以“千万师生同上一堂国家安全教育课”为主题的公开课；举办“首届全国高校学生国家安全素养展示活动”“全国高校学生国家安全知识线上竞答”，借助微信平台开展“国家安全日话题”互动，推出“《一起涨芝士》之国家网络安全特辑”等。2022年延续“千万师生同上一堂国家安全教育课”为主题的公开课活动，指导举办了“全国高校教师国家安全教育教学风采展示活动”“国家安全教育主题短视频线上接力活动”、开设了“国开大讲堂·国家安全教育公开课”等。2024年，教育部开展“千万高校学生同上一堂国家安全教育课”、高校国家安全视频公开课、主题作品征集与线上展示、国家安全知识答题等活动。

从《永不消逝的电波》说起

我国有不少优秀的谍战题材的影视作品，从《永不消逝的电波》到《风声》，从《暗算》到《潜伏》，从《密战》到《对手》……那些小荧屏、大银幕上的艺术形象让大众在肾上腺飙升的同时，对特工（间谍）工作有了初步的认识。虽然现实中的国家安全工作与影视剧中表现得不尽相同，但谍战影视作品确实可以更生动、形象乃至夸张地展示这一特殊战线工作的危险与魅力。近年，围绕维护国家安全，一些富有时代气息的作品不断推出，无论是《红海行动》还是《万里归途》，无论是《中国机长》

还是《中国医生》，无论是《人民的名义》还是《狂飙》，都从不同角度展现了不同职业的人维护国家安全、维护人民利益的感人形象。

视野放大至全世界范围，如果说到与国家安全相关的影视作品，你会想到哪些？如果说到谍战题材的影视作品，你又会想到哪些？不同时代的人会有不同的记忆。但有一个银幕形象，相信很多人都不陌生，那就是代号007的英国特工詹姆斯·邦德。

007系列电影大都改编自英国军情六处前特工伊恩·弗莱明的小说。第一部于1962年公映，迄今共有24部正片和2部外传。它以娱乐化的方式宣扬英式文化与价值观，让观众在观影的同时，不知不觉“代入”西方国家的立场来评判世界。电影里的詹姆斯·邦德无往不胜，邦女郎各有风情，但邦德“永恒的爱人”只有一个，那就是——他的祖国。

如果说007系列电影让观众看到半个多世纪的国际风云、大国博弈，那1996年开始上映的《碟中谍》系列则让观众看到特工小组全球救火的“使命感”，以及美国借此表达的“世界领袖”意图……谍战电影变着花样吸引观众，票房高涨，投资方赚得盆满钵满的同时，导演也把自己想要表达的理念传递给观众，谓之文化软实力的传播。

新的时代，中国需要有更多体现时代特色的优秀文艺作品，需要有更多维护各领域国家安全、献身国家安全的精品力作，在激发国人关心国家安全、投身国家安全工作的同时，也向世界讲述维护国家安全的中国故事。

网络时代人人参与

当今世界，百年未有之大变局加速演进，我国发展进入战略机遇和风险挑战并存、不确定难预料因素增多的时期，各种“黑天鹅”“灰犀牛”事件随时可能发生，维护国家安全的任务也更为严峻。识变、应变、求变，这些新情况都对国家安全教育工作提出更高要求，只有不断创新，增强教育的时代感和感染力，才能让国家安全意识在全民心中落地生根。

2021 年 4 月，在第六个全民国家安全教育日到来之际，湖北省“国家安全教育云基地”正式上线。云基地由荆楚网（湖北日报网）承建，共设立 6 个展厅，包括序厅、“新时代国家安全概述”展厅、“国家安全实践”展厅、“国家安全教育”展厅、“国家安全观察”展厅和尾厅，通过 3D 建模，实现多场景漫游、图片细节展示、视频学习、720 度全景环视等，让网民身临其境参观学习，大大增强了学习的互动性和趣味性，可谓“指点江山，云上安全”。

信息时代，国家安全宣传教育要善用互联网、大数据、云计算、人工智能、区块链等新技术、新应用。运用微博、微信等新媒体平台，制作推介体现国家安全内容、适合网络传播的音频、短视频、网络文章、纪录片、微电影等，运用虚拟现实、增强现实、混合现实等新技术，生动活泼开展网上国家安全教育。要不断推动实施总体国家安全观数字建设工程，推进总体国家安全观教育基地与网络传播有机结合，增强国家安全教育的覆盖面、时代性、感召力，使维护国家安全成为全社会的思想共识和自觉行动。

参 考 文 献

1 中共中央宣传部、中央国家安全委员会办公室编:《总体国家安全观学习纲要》，人民出版社、学习出版社 2022 年版。

2 中共中央党史和文献研究院编:《习近平关于总体国家安全观论述摘编》，中央文献出版社 2018 年版。

3 《总体国家安全观干部读本》编委会编著:《总体国家安全观干部读本》，人民出版社 2016 年版。

4 《总体国家安全观教育读本》编写组编著:《总体国家安全观教育读本》，光明日报出版社 2016 年版。

5 王振民等:《香港特别行政区维护国家安全法读本》，三联书店（香港）有限公司 2021 年版。

6 《香港国家安全教育课程框架》，香港教育局 2021 年 5 月。

7 中华人民共和国教育部制定:《大中小学国家安全教育指导纲要》，北京师范大学出版社 2020 年版。

8 《关于加强大中小学国家安全教育的实施意见》，教育部，2018 年 4 月 9 日。

9 《关于加强和改进新时代全民国防教育工作的意见》，新华社，2022 年 9 月 17 日。

10 《关于加强新形势下国防教育工作的意见》，新华社，2011 年 7 月 29 日。

5

第五章

美国：助力全球称霸的教育

美国对于教育的重视由来已久，又以一流的高等教育质量闻名。无论是参照公认的世界大学排名标准数据，或是人们脑中的既有印象，美国教育部都以其创新精神和实用价值居于世界前列。美国不仅促使教育承担了培育人才、传承文化、提高人口素质、推动社会进步等传统功能，还从国家安全高度进行布局，使教育发挥了极强的政治、经济、文化和安全功能，成为美国成就霸业的基础。

教育发展的国家安全化

作为研判国家安全形势、陈述国家安全顶层规划和政策措施的重要文件，美国《国家安全战略》报告多次申明教育的重要性，体现了教育在国家安全整体布局中的地位。2017 年，特朗普政府在报告中四次提及教育，将其置于确保经济安全和国家繁荣、实现国家安全的位置，认为发展科学、技术、工程和数学（STEM 学科）教育有利于在研究、技术、发明与创新中保持领先地位。2021 至 2022 年，拜登政府在《临时国家安全战略指南》和《国家安全战略》报告中多次提到教育，认为“确保为儿童和青年提供高质量和公平的教育机会”是确保国家安全需要做到的优先事项之一；投资 STEM 教育可以扩大本国的科技劳动力等。将教育与国家安全战略目标紧密结合，认为最有效的公共投资就是投资于人民，如职业技能、STEM 教育领域以及妇女儿童的教育培训，进而提高经济实力。

事实上，美国把教育问题上升到国家安全层面的做法由来已久，这种传统既有法律上的渊源，又有公民意识上的根源。

二战以来，美国先后颁布多部和国家安全相关的法律先后出台了《1947年国家安全法》《1958年国防教育法》《1965年高等教育法》《1965年初等与中等教育法》《1991年国家安全教育法》等，通过法律强制和主动引导的方式，将国家安全教育纳入国民教育体系，提高美国公众的国家安全意识。

《1947年国家安全法》将教育视为国家安全的重要领域。该法利用专章陈述以教育开启民智，把科学、技术和外语摆在同等重要的位置，增加科学技术专业高学历人群的奖学金，加强外语教育来提高情报界的国家安全能力等，无一不体现出教育与国家安全同频共振的特点。

为确保教育在国家安全人才培养方面的保障作用，《1958年国防教育法》一改过去偏重实用教育的风格，对二战后美国教育改革和发展方向产生重大影响。根据该法，政府加强了学校的自然科学、数学和外语教学，扩大职业教育，并加大向优秀学生提供奖学金的力度，同时增加教育经费，为美国培养了大量科技、工程、人文和社科等领域急需的国家安全人才，缩小了国防前沿科技领域与苏联的差距，在应对苏联空间技术等方面的挑战中发挥了巨大作用，是对苏联斯普特尼克号人造卫星发射成功的“回应”，亦将高等教育与军事国防、对外战略和国家安全紧密联系在一起。

林登·约翰逊总统在任时期是美国教育领域法律得以全面制定的阶段。在高等层次，美国第一部高等教育立法颁布，《1965

年高等教育法》推动了联邦高等教育领域的机会平等，促进了高等教育的国家化和政治化，增强了联邦政府对高等教育的干预力度。整部法案围绕美国为学生、高校提供奖助学金和各种资助展开。同期出台的还有《1965 年初等与中等教育法》。两部法律的颁布给美国教育和联邦政府带来了“双赢”。对于美国教育来说，摆脱了过去资金不足的困境，大中小学的办学条件得以改善，获得跨越式发展；对于联邦政府来说，加强了对于国内各阶段教育的干预和控制，使教育能够按照国家需要的方向发展，缓和了国内教育危机，缓解了国家安全急需专业人才的供需矛盾。

《1991 年国家安全教育法》是专门的高等教育法案，着力完善了国家安全教育机制。其关键条款包括实施向关键地区、急需专业的赴外美籍留学生提供资助的国家安全教育计划，成立高级别跨部门协调机构——国家安全教育委员会，创立确保国家安全教育长期投资的国家安全教育信托基金等。可以看出，美国早已将教育与国家安全画上了等号，先后用多部法律加以引导，规范并教育美国人民。

除了法律渊源，从美国公民意识的根源上也能找到蛛丝马迹。从 17 世纪初起，先后多艘船只从英国出发驶向美洲大陆，这似乎也预示了美国人立国后 200 余年风雨飘摇、惴惴不安的危机感。从独立战争、美英战争、美墨战争、南北战争、美西战争、两次世界大战，到 40 余年的美苏冷战，战争传统与美国人的不安全感相伴相生。每一次战争都像是一次国家安全教育，在凝聚美国人国家意识、公民意识的同时，也逐渐培育其树立危机和国家安全意识。在美国人心中，国家安全似乎涉及方方面面，“先发制人，后发制于人”，凡是涉及国家安全的领域，都要拥有绝对的控制权、话语权。每当“危险”来临时，美国至上、民族主义、国民意识都激发了美国人的身份认同，使其忽略党派、州地、宗教、种族和性别差异，更加认可自己的国家，愿意为维护国家安全而团结起来，这也是美国人支持以各种形式开展国家安全教育的意识渊源。

无处不在的国家安全教育

如果把冷战也计算在内，美国建国后有九成的时间都处在战争中，以致所有涉及国家安全的事务都牵动美国人的神经。美国人甚至认为，世界上每一个角落的不稳定因素都可能构成对美国自身安全的威胁。国家安全含义逐渐泛化和工具化成为美国干涉世界事务、维护霸权地位的借口。

在涉及国家安全的诸多方面，美国格外重视教育与国家安全的关系，形成了独特的美国国家安全教育体系。它根植于美国的爱国主义教育，教育方法灵活多样，教育形式体现出极强的渗透性和隐蔽性。因此，在认识美国国家安全教育的内涵上，一方面应该取其广义上的理解，即为实现维护美国国家安全、国家利益和全球地位的目的，通过各种方式和方法对国民进行教育和宣传，增强其维护国家安全的主动性和自觉性；另一方面，应当透过现象看本质，根据教育的内容和目的来判断是否属于国家安全教育，而不是简单地通过课程名称是否包括“National Security”这个词汇来判断。

美国的国家安全教育具有鲜明特点，既包括多主体共同参与、充满合力的“大教育”氛围，也包括潜移默化影响美国人民的“微教育”手段。

在“大教育”氛围下，学校成为国家安全教育的主要场所，在高等教育和不涉及学段划分的通识教育中广泛开展国家安全教育。

一是融入其他课程进行隐形教育。有些以品德教育、爱国教育为主，如价值观养成、意识形态塑造等；有些以“社会研究”课程为主，语言教育、STEM 教育等其他课程辅之，主要体现在军事意识教育、文化自信教育和仪式教育等；还有些以考试引导学生的价值观，如美国学术能力评估测试阅读题中包含《独立宣言》、美国宪法等内容，系统性地塑造学生的观念、信仰和意识形态。二是交织在校园宣传中，鼓励师生举报可疑人物，培养其辨别身边国家安全威胁的能力。三是以演习的形式开展。“9·11”事件发生后，各州的中小学都将开展恐袭逃生演习纳入每月课程，演习包含了所有可能的时间和场合，包括教室、操场甚至校车等多种场景。四是开展国际教育、重视外语教学。除科学、技术、工程和数学等学科外，积极引导和鼓励学生对区域国别和外语学习产生兴趣。2003 年的“国家安全语言计划”阐明了语言教育与国家安全的紧密联系。“9·11”事件后，美国加大对于阿拉伯语等关键语言的投入，号召公民学习与国家安全相关的多种语言并予以支持。

除了各学龄段的通识教育，在高等教育阶段，许多高校还开展了形式多样的专业教育，体现出自己鲜明的特点。

一是化整为零。美国高校学科实行“各自备案制”，没有全国统一标准，在 2020 年最新版美国学科专业目录编码（CIP Code）的 50 个第一层级学科群中，并未设立国家安全学科。在开展专业教育时，也鲜有学校将课程名称直接拟定为“国家安全教育”或将专业名称设置为“国家安全学”，而是根据国家安全所涉及的实际领域进行分类命名，并充分体现学校特色和地区特点。国土安全、网络安全、军事与国防安全、气候安全、生物安全等涉及国家安全的关键领域学科均有众多高校开设。可以说，美国看似没有“国家安全专业”教育，却随处可见国家安全“专业教育”。

以最新版美国学科专业目录之中国土安全学科（编码 43.03）为例，根据国家教育统计中心 2024 年 10 月份数据，共有 300 余所高校开设国土安全学科及下属专业。海军研究生院作为

“9·11”事件后最早开设国土安全专业的高校，可以提供包括学士、硕士、博士学位在内的多种教育类型。其中，国土安全与国防项目主要面向军官，提供美国国内安全面临的非常规威胁的理论和实践课程，以及应对此类威胁的组织战略课程，包括国土防御与安全概论、比较视角下的反恐政策、国土防御和安全情报、国土安全与国家安全法和关键基础设施分析与防御等主要专业课程。国家安全专业教育的规模已然形成，成为美国国家安全教育体系的有机组成部分。

二是专业教育包含了丰富的内涵。在开设国家安全学科的高校中，涉及的专业囊括了主要国家安全领域。例如，网络安全防御领域多以信息安全、网络安全、计算机科学等专业为主。卡内基梅隆大学计算机科学学院开设计算机科学、人机交互、机器人学等的学士、硕士、博士专业以及计算机科学与艺术、人工智能、计算生物学等跨学科专业；宾夕法尼亚州立大学信息科学与技术学院开设数据科学与人工智能、人机交互、隐私和安全、社会与组织信息学等研究领域。两所大学分别形成以计算机科学和信息安全为特色的优势学科。

除专业教育外，公立和私立学校还开设了各具特色的培训项目和教育课程。公立学校以受众广泛的青少年军事培训项目或国土安全项目等提高综合竞争力的项目课程为主，未来培养目标为国家安全专业人才，更加侧重实践运用；私立学校以开展全球治理、树立战略思维课程为主，未来培养目标是国家安全领导人才，更加侧重理论和思维。但无论院校性质如何，美国基础教育旨在以其特有的方式提高青少年学生运用国家安全意识和思维分析和解决问题的能力。

学校之外，美国政府、社会、媒体等不同主体也会利用自身优势推动全民国家安全“微教育”的开展。美国政府是国家安全教育的主要发起者和引导者，从不同角度深入参与美国国家安全教育的各个领域。

其一，政府部门在原有职责范围内将国家安全业教育纳入原有业务范围。国家安全局在官方网站的醒目位置介绍部门责任，引导公众通过个人行为切实维护国家安全；中央情报局不仅在网

站首页介绍自身使命，还鼓励公民主动报告国家安全信息和情报。国土安全部、国务院、国家安全委员会、国防部和联邦调查局等其他部门也不例外。同时，几乎所有与国家安全业务相关的部门都提供数量庞大、种类丰富的学生计划，通过实习、奖学金和项目的形式帮助学生了解部门职责。美国国土安全部曾出台政策，延长拥有 STEM 学科学士、硕士或博士学位的外国学生实习期签证，为政府建立起培养和储备未来国内外人才的蓄水池。

其二，整合各种资源，塑造国家正面形象。美国国防部深度参与相关电影制作，与好莱坞相互借力，通过共同制作、介入拍摄、审查发行、资金支持、武器租借等手段，累计参加拍摄千余部影视作品，宣传美军正面形象，贩卖英雄情节，增强观众对于军队的心理认同。有时，为了美化战争、达到上述目的，投资方甚至向导演提出篡改史实的要求。

其三，打造标杆院校，培养国家安全精英人才。在高度分散和去中心化的美国教育体系下，各州拥有自主办学权，作为为数不多的“国立大学”之一，西点军校因为“责任、荣誉、国家”的校训和荣誉制度而广为人知。美国通过西点军校为国防军事、外交安全领域培养了多位总统、五星上将和各界精英。

其四，多渠道引导公众将爱国主义教育与国家安全教育相结合。联邦将每年五月最后一个星期一定为阵亡将士纪念日，悼念为美国献身的阵亡将士，为现役军人、退伍老兵和社会公众前往墓地悼念阵亡将士预留时间。政府设立多处战争纪念碑，选址华盛顿国家广场设立二战纪念碑、越战纪念碑和朝鲜战争纪念碑，在阿灵顿设立海军陆战队纪念碑；建设象征性意义的纪念馆，在“9·11”事件原址建设国家纪念博物馆，在五角大楼建设纪念园，为公众凭吊和悼念死难者提供场所。

在众多“9·11”事件纪念馆中有一座移动纪念馆，这就是由原世贸中心废墟钢材铸就的美国军舰“纽约”号。2009 年 11 月 7 日，“纽约”号开始服役，并预留几天供民众参观。舰尾处画着原世贸中心双子塔的形象，舰上官兵有不少来自纽约州。舰队以多种方式提醒官兵铭记灾难，每日祈祷时，牧师会诵读部分丧生者名字并致敬。因此，这艘军舰又被称为“‘9·11’记忆之舰”。

在社会与文化层面的国家安全教育中，宗教也发挥了其特有作用。根据盖洛普公司 2022 年底调查，即使近年来无宗教信仰的美国公民有所增加，有宗教信仰的公民仍保持在 80% 左右，其中七成信仰基督教。基督教对美国的文化、政治、外交和社会生活产生了持续而深远的影响，它与爱国主义相互交织，一定程度上塑造了美国的价值观。

基督教通过教义、公共言论、传统节日、重大典礼、总统宣誓就职等礼仪以及每天的祷告把美国人紧密团结在一起——“美国人民在遇到敌人来犯、美国安全遭受威胁时，要坚决斗争，以

第五章

美国：助力全球称霸的教育

保卫自由、平等、民主、独立的美国”，宗教为美国的穷兵黩武提供了“借口”。

最能体现国家安全教育渗透性和隐蔽性特征的还有大众传媒。美国充分利用网络、电视、广播、书报等大众传播媒体，营造了开展国家安全教育的浓厚氛围。电影是最好的产品推销员，能将电影主角的语言习惯、生活方式、价值观体系广泛传播，潜移默化影响人们的思维认知和行为习惯。以好莱坞为代表的美国电影早已成为美国生活方式和意识形态的代名词，以轻松娱乐的形式向美国人和全世界推广它想要宣传的内容。

经过对2001—2024年奥斯卡最佳影片的简单梳理可知，获奖影片多以美国电影为主，由美国主要拍摄的20部影片中，与国家安全相关的题材有10部，如社会安全、政治安全、反恐斗争、种族冲突等，占据了半壁江山。美国电影在注重感官刺激、放松身心的同时，潜移默化地引导观众的价值观，成为筑牢美国主流意识形态思想根基的重要工具。

教育之强与美国之霸

美国教育发展的国家安全化取得了良好的预期效果。首先，无处不在的国家安全教育凝聚了多元的美国社会，公民维护国家安全的主动意识增强。美国的移民国家特性给社会的各方面带来深远影响，政治、文化、宗教体现了极强的多元化和碰撞性。一方面，在不涉及对外问题时，美国人的多元身份立场导致了持枪、堕胎、移民、经济、权利、政策和性别问题等观点分化党派内部、州地之间也存在显著差异，社会深层次矛盾始终存在。另一方面，当威胁来临时，所有的矛盾和撕裂都可以搁置，唯有“星条旗永不落”。二战结束后，长达 40 多年的美苏冷战既使美国人民重新找到了对手，又让国家安全的理念深入人心。“9·11”事件后，美国政府与社会无论是在意识形态层面，还是在现实军事斗争与国土安全层面，都高度重视国家安全教育，美国激荡了高昂的爱国热情，也找到了对抗社会离心力的方法，充分增强了自身内聚力。从近几年美国人最关心的事项也可以体现出其对于国家安全的高度关注。根据民调结果，自 2020 年以来，美国人最关切的国内外事务主要围绕国家经济、恐怖主义、流行病传播、教育、网络攻击、气候变化、中俄威胁等国家安全相关问题。即使“9·11”事件已经过去了 20 多年，仍有超六成美国民众认为恐怖主义是对国家安全的主要威胁。

在当前国际形势下，美国仍希望从外部找到国家安全的威胁，以便转移国内矛盾、护持自身霸权，引导公众的爱国热情持续发挥作用。根据美国皮尤研究中心、盖洛普公司等多家民调机构的数据，将中国崛起视为“重要威胁”而非伙伴的美国民众比例近年来持续走高，对中国的负面看法也不断上升。俄罗斯也是美国持续“打造”的另一个国家安全威胁。数据显示，俄乌冲突导致 70% 的美国人认为俄罗斯是美国的敌人，这一问题上，民主党人和共和党人观点基本一致，72% 的民主党人和 69% 的共和党人将俄罗斯视为敌人。根据盖洛普公司数据显示，虽然美国人对国家的不满居高不下，但是对于政府处理国外问题的满意度较之处理国内问题的满意度略高。

其次，对教育的高度重视、持续增长的财政投入和长期推行教育改革，推动美国形成了高级人才培养和教育事业进步的良性循环。根据世界银行统计数据，2022 年，美国教育公共开支占 GDP 的比重为 5.4%，开支实际数和占比均名列世界前位。从学历层次来看，根据美国人口普查局发布的国民受教育程度数据，2011—2021 年，美国 25 岁以上人口的高中毕业率和完成本科以上学位的人口比例都有一定提高。25 岁及以上拥有硕士学位的人数增加到 2410 万人，拥有博士学位的人数增加到 470 万人，分别约占同时期全国总人口的 7.3% 和 1.4%。根据 2020 年第七次全国人口普查数据和教育部发布的历年全国教育事业发展统计公报，2021 年，我国累计授予博士学位 101.85 万人，累计授予硕士学位 852.6 万人，硕士和博士学位的人口比例分别约为 0.6% 和 0.072%，在大学教育的普及程度、高学历人数和所占比例上都有提高的空间。

从国家安全学科来看，美国相继设立并发展国土安全、情报、网络安全、国际关系与国家安全研究等学科和专业，推动多个国家安全项目计划产生成效，国土安全部等政府部门也通过相关计划为学习国土安全相关专业和STEM专业的学生提供学习和实践机会，建立学生、学校、政府部门和研究机构等多方联系，大力培养国家安全专业人才。“9·11”事件发生后，美国逐渐形成了多个国土安全教育联盟或网络，如2003年成立的国土安全和防御教育联盟，2004年成立的以海军研究生院国土防御和安全中心为核心的高校网络等。

最后，拥有世界一流的教育体系不仅有利于维护有形的国家安全，亦对提升国家竞争力、强化无形领导力至关重要。美国外交关系委员会发布的《美国教育改革与国家安全》报告中提出，21 世纪的安全不可能仅靠军事力量，其主导力量将取决于人力资本，没有人力资本就没有美国的安全。教育是促进经济和科技增长、推动创新的基础动力。“修昔底德陷阱”理论提出者、美国学者格雷厄姆·艾利森曾从国内生产总值、国际贸易、商业投资、金融这 4 个体现国家经济实力的指标对比中美实力差距，确认了美国在商业投资和金融领域的领先经济地位。

经过多年发展美国的教育与科技、经济、军事、国防等领域形成“多维一体”的互动关系，既是其他因素的基础，又是美国综合国力提升的重要源泉。毫无疑问，始终保持前沿水平，凸显国家安全因素，美国教育为维护国家安全提供了必要的学科基础、人才保障、多方合力和重要推动，美国才能继续维持其综合国力的领先地位。

参 考 文 献

1 曹晓飞、唐少莲:《美国〈国家安全教育法〉的颁布及其影响》,《重庆高教研究》2015 年第 4 期。

2 黄平、倪峰主编:《美国蓝皮书：美国问题研究报告（2012）》，社会科学文献出版社 2012 年版。

3 袁鹏:《四百年未有之变局：中国、美国与世界新秩序》，中信出版社 2016 年版。

4 杨帆、钟启旸:《美国中小学国家安全教育的落实过程研究——基于夏威夷州的田野调查》,《外国教育研究》2022 年第 4 期。

5 [美] 塞缪尔·亨廷顿著，程克雄译：《我们是谁？美国国家特性面临的挑战》，新华出版社 2005 年版。

6 Maxwell D. Taylor, "The Legitimate Claims of National Security", Foreign Affairs, Vol.52,No.3,1974 ,pp.577-594.

6

第六章

俄罗斯：安全至上的国民教育

教育是一个国家的立国之本。俄罗斯教育有着光辉的传统，不仅曾培养出一大批科学家、文学家、艺术家，使得俄罗斯民族始终屹立于世界民族之林，也锻造了俄罗斯人热爱祖国、强悍尚武的特质。当代俄罗斯教育尤其关注国家安全，说国家安全是俄罗斯教育的头等大事并不为过。为了通过教育维护国家安全，俄罗斯进一步提升了对爱国主义教育、军事教育的重视，这也成为俄罗斯教育的显著特征。

教育的头等大事

俄罗斯的欧洲部分与中东欧的大部分国家同属东欧平原，相互之间没有任何阻隔。无论是历史上还是当代，俄罗斯的西部边界都无险可守。二战时期，德国依靠坦克闪击苏联，之所以能够迅速推进、长驱直入，正是得益于这种平坦地势。而对于俄罗斯来说，防守变得异常困难，没有足够的自然障碍为其调兵遣将拖延时间，除了河流和城市之外，根本找不出很好的依托地形，一旦对方突进，可以非常迅速地兵临莫斯科城下，严重威胁国家安全。因此在其历史的前期，俄罗斯经常受到波兰、立陶宛、瑞典等欧洲民族的进攻。现在位于白俄罗斯、乌克兰的大片罗斯领土曾经长期被波兰人统治，甚至莫斯科都曾被波兰人攻陷。与西部的情况类似，俄罗斯的东南边疆也与广袤的北亚大草原相连，这使得俄罗斯的南部地区常年成为亚洲游牧民族西进的通道。在历史上，俄罗斯的先民们曾与一波又一波的游牧民族战斗，并最终败给蒙古人，成为了蒙古帝国的一部分。尽管现代俄罗斯人被称为“战斗民族”，但其实俄罗斯在其历史的很长一段时间中，曾经面临东西方强国的两面夹击，只能在夹缝中艰难求生。这使得俄罗斯在寻求安全过程中追求用军事力量进行领土扩张。俄罗斯在不断扩大疆域寻求安全的同时，自身的安全又经常遭到严重的威胁。这种关于安全的悖论使得对安全的忧虑构成了俄罗斯内在的思维特点。俄罗斯往往把许多问题当作国家安全问题来看待和思考，教育作为立国之本，自然也不例外。长期以来，俄罗斯的教育呈现出显著的国家安全特征。国家安全可谓教育的头等大事。

一方面，俄罗斯教育始终将加固公民的国家安全意识作为重中之重。《俄罗斯联邦国家教育论纲》开篇就把教育的目标明确为“为俄罗斯社会经济和精神发展建立基础，保证人民高质量生活与国家安全”。俄罗斯人普遍认为，国家安全意识的强弱直接关系到国家的生死存亡，而公民的国家安全意识必须通过教育手段来培养。因此在俄罗斯，国家安全教育受到高度重视。除了直接将国家安全知识列为必修课程外，俄罗斯还通过爱国主义教育、军事教育与训练、增强国家政治文化认同等途径对公民进行全方位的国家安全教育。

另一方面，通过教育增强国家能力和潜力，反过来又为维护国家安全提供了根本保障。俄罗斯人认为，要保障自己的地缘政治安全并恢复昔日的大国地位，就必须有两样东西做保障：一是强有力的军事，二是高水平的教育。曾担任俄罗斯联邦委员会（议会上院）主席的斯特罗耶夫就明确提出，智力潜能和强大的武装力量是国家强盛、经济和社会发展的基础。教育在很大程度上决定了俄罗斯维护国家安全的能力。

不仅如此，俄罗斯人认为，教育安全本身就是国家安全的重要组成部分。《俄罗斯联邦国家安全战略》指出，灌输外来的理念和价值观，在教育、科学、文化、宗教、语言和信息活动领域实施改革而不考虑历史传统和前几代人的经验，导致国家社会的不团结和两极分化加剧，破坏文化主权的基础，破坏政治稳定和国家地位的基础。在俄罗斯看来，必须高度重视教育本身的安全，抵制外来思想的侵蚀，才能有效维护国家团结、社会稳定、文化主权。近年来，俄罗斯积极推进统一的国家教育标准、考试制度，就是要建立统一而规范的教育空间，以保障教育安全。

可以看到，在俄罗斯人看来，教育与国家安全密不可分，两者相互影响、相互促进、辩证统一、一体两面。而俄罗斯教育对国家安全的重视，在具体实践中主要体现在其对培养公民爱国主义精神、尚武精神的高度关注上。

突出爱国主义

俄罗斯民族自豪于自身的历史，高度重视培养公民的爱国主义精神，也将其视为维护国家安全的重要手段。《俄罗斯联邦国家安全战略》要求，采取一系列措施，保护俄罗斯传统精神和道德价值观、文化和历史记忆。其中多条措施直接涉及教育，如“支持公民爱国主义教育、保护俄罗斯联邦各民族历史记忆和文化的公共项目”，“保护俄罗斯人民的有形和无形文化遗产，普及俄罗斯科学技术、文学、艺术文化、音乐和体育的成就，包括完成教育机构的课程”，“根据历史和现代的例子对公民进行精神、道德和爱国主义教育，发展俄罗斯社会的集体原则，支持具有社会意义的倡议，包括慈善项目、志愿者运动”，等等。可见俄罗斯对爱国主义教育的重视。事实上，爱国主义是俄罗斯民族精神的重要体现，贯穿于俄罗斯国家发展的整个历程。爱国主义既是俄罗斯的传统，也是支撑这个国家生存发展的重要精神支柱和促进国家繁荣进步的强大动力。

在俄罗斯历史的早期，即基辅罗斯时期，爱国主义教育就开始萌芽。一方面，基辅罗斯中央政权孱弱，决定其国家命运的首要任务就是保卫国家的统一和安全，避免封建割据，抵御外敌入侵。在古罗斯人心中，爱国主义鲜明地体现为为保卫国家领土而献身的英雄气概。同时，爱国主义又与罗斯大公的崇高形象密不可分，是对罗斯大公的信仰。12—13 世纪，基辅罗斯的教育发展已经达到了比较高的水平，出现了一些具有教育意义的文献。其中《弗拉基米尔·莫诺马赫大公的训蒙篇》这部教育文献劝诫后人要“热爱罗斯国土，在抵抗敌人入侵的战斗中英勇杀敌，不惜牺牲自己的生命；要拒绝参与或抵制封建内讧，维护罗斯国家统一”。另一方面，东正教的传入与传播巩固了基辅罗斯的统一，人们开始重视教育，将有教养视为人最重要的美德。东正教的集合精神潜移默化地影响着罗斯人的思想，也逐渐成为了凝聚民族力量的精神支柱。从此以后，俄罗斯的爱国主义教育便与东正教精神密不可分，国家借助东正教教义的正统性，向公民传递主流的政治思想，使公民形成一定的政治价值观，培养他们忠君爱国的情感与责任意识，从而实现民族—国家认同，凝聚社会力量，维护社会稳定。

随着基辅罗斯的衰落和解体，基辅罗斯的土地被蒙古人统治，进入了长达 200 多年的“蒙古桎梏”时期。在这一时期，罗斯各公国社会发展缓慢，但罗斯人的爱国主义情感迅速发展。亚历山大·涅夫斯基带领俄罗斯军队击退了入侵的瑞典人，打败了利沃尼亚骑士团，后又在与蒙古统治者的战争中取得了决定性胜利，这一事件激起了俄罗斯人的爱国热情。

14 世纪后半叶开始，蒙古对罗斯的统治走向终结，莫斯科公国兴起，俄罗斯历史走入沙皇统治的时代，中央集权制的统一国家不断发展壮大。在统一的中央集权国家建立过程中，爱国主义教育发挥了很重要的作用。以爱国主义为基础的统一极大地提升了国力，并使得爱国主义教育与国家团结产生了更加紧密的联系。彼得大帝统治时期，实施了一系列改革措施，俄罗斯出现了前所未有的经济、社会和文化进步，现代教育制度开始建立。彼

> 俄罗斯圣彼得堡的彼得大帝塑像

得大帝的改革不仅改变了国家的政治结构，提升了国家经济、军事实力，还确立了新的教育目标，即培养“精明强干的军人”和“好公民”，爱国主义被视为高于一切价值观和美德的国家意识形态。基于这样的教育目标，爱国主义思想进一步融入到培养军人和公职人员的教育过程中，从而使他们不遗余力地为国家利益作贡献。19 世纪，俄罗斯涌现出了一批知识分子，他们提议在爱国主义教育中应重视传统，关注俄罗斯历史的独特性。他们还十分重视家庭中的爱国主义教育，认为学习母语、国家历史与地理是培养爱国主义精神的重要手段。俄国思想家别林斯基指出“爱国是公共道德的基础，对青少年实施爱国主义教育离不开对自己国家和民族的深入了解”。俄国著名教育家乌申斯基则认为，培养民族性也是教育的基本原则，“一个没有民族性的民族，就等于一个没有灵魂的肉体，它只能屈从于衰败的规律，只能在另一些保存着自己的独特性的肉体之中消亡”。

十月革命胜利后，苏维埃俄国和苏联先后建立。这一时期，东正教在推动人的社会化过程中不再发挥作用，取而代之的是国家统一意识形态的构建。爱国主义教育在这一过程中扮演了重要角色。在苏联存在的70年里，由于时代背景、政策导向的差异，不同时期的爱国主义教育的内容和实施方式存在一定差别。

列宁时期的爱国主义教育既受到20世纪初世界复杂格局的影响，又受到国内曲折的社会主义探索道路的影响。在这一时期，巩固新生政权、恢复国民经济、提高国民素质是苏维埃俄国的重要任务。苏维埃俄国政府使人们将对祖国文化、语言、大自然的热爱与对社会主义政权的热爱结合起来，以实际行动表达对祖国的热爱，努力建设祖国，在经济上战胜资本主义，巩固新生政权。政府通过劳动实践、党团和少先队组织、艺术熏陶感染等方法来开展爱国主义教育，同时十分重视对战争前线士兵开展爱国主义教育工作，以鼓舞红军士气。

斯大林时期，在卫国战争爆发前，“三个五年计划”使得苏联在工业和农业方面取得了重大发展，彰显了社会主义制度的优越性，增强了国民对祖国的信心与自豪感。1941年，法西斯德国入侵苏联，给苏联经济带来了毁灭性打击。但战争激发了苏联人民的爱国主义热情。为了保卫祖国，各民族团结在一起，表现出了苏联人民对党和国家的忠诚，最终赢得了战争的胜利。战后，为了快速恢复经济，苏联人民投入到国家建设的洪流当中，出现了群众性的爱国运动和社会主义劳动竞赛，促使工业发展超过战前水平。

从 1953 年斯大林去世到 1991 年苏联解体，苏联国内经历了一次又一次的变革，国内思想出现混乱，这也对苏联的爱国主义教育造成了严重的负面影响。特别是戈尔巴乔夫时期，其改革并未带来稳定发展，相反，对历史的否定和对马克思主义的背离使历史虚无主义泛滥，国家和社会凝聚力下降。这一时期的爱国主义教育完全背离了马克思主义的基本原则。爱国主义教育指导思想的嬗变致使爱国主义教育的性质也发生了改变，无产阶级性质的爱国主义教育逐渐退出了苏联历史舞台，爱国主义教育理论陷入窘境。

虽然苏联爱国主义教育随着苏联的崩溃而衰落，但苏联爱国主义教育的 70 年发展历程，无论是在理论建设上还是在实施路径上都有其鲜明的特点。

首先，苏联爱国主义教育具有鲜明的阶级性。苏联爱国主义教育最本质的特征是以马克思列宁主义为指导，爱国以爱党、爱社会主义制度为根本前提，国家命运与党的命运、社会主义的命运密切相连。苏联爱国主义教育把对祖国的领土文化和社会主义制度的热爱和忠诚结合起来，通过多种途径方法增强对伟大祖国的自豪感。此外，初期的苏联爱国主义教育还与国际主义教育高度统一。列宁曾指出，社会主义的爱国主义不是民族利己主义，因此必须学会做一个“真正的国际主义者”。其次，苏联擅长通过各种渠道，营造爱国主义教育氛围。一是利用爱国主义题材的文学艺术作品熏陶人、感染人。在苏联建立初期，政府就颁布了《关于共和国纪念碑》法令，旨在以雕刻艺术的形式宣传爱国主义精神。苏联的每座城市几乎都有纪念碑、纪念馆和博物馆。据统计，在勃列日涅夫执政期间，苏联共有国立博物馆1800个，地方性博物馆1万多个。影视艺术作品、文学创作、宣传画、音乐作品也是宣传爱国主义教育的重要载体，由此来增强教育的感召力。二是宣传英雄人物的事迹以起到榜样示范作用。二战期间，保家卫国的英雄形象不胜枚举，以榜样示范的形式传递英勇无畏、为国奉献的精神是苏联重要的爱国主义教育方法。三是组织各类参观活动。各级学校组织学生参观考察工厂、集体农庄、博物馆、纪念馆、国营农场，参与各类革命纪念活动和乡土旅行。最后，苏联还独创了通过劳动进行爱国主义教育的方法。苏联认为，通过舆论宣传和树立英雄榜样等形式只能增强人们对爱国主义精神的认知，属于灌输式教育，而要将爱国主义认知转换为爱国主义自觉则要通过日常劳动来实现。苏联教育家苏霍姆林斯基认为“劳动是形成思想信念的强有力手段”，“爱国主义精神是意识、意志和情感的一种积极明确的方向，是思想与行动的一致”。在苏联，劳动具有深刻的社会意义，“教育与公益劳动相结合是新一代共产主义教育体系的总原则”。在劳动中培养苏联人民对祖国的责任感与忠诚是实施爱国主义教育的重要途径。

苏联解体后，共产主义信仰的丧失、对苏联的全盘否定、西方各种思潮的涌入给俄罗斯人的思想造成了极大混乱。自由主义的改革全盘否定了原有的国家意识形态。由于长期没有建立起统一的价值标准，俄罗斯的国家意识形态一直处于真空状态。爱国主义教育的影响力急剧降低，公民服兵役的积极性也大幅减退，民族矛盾日益尖锐。俄罗斯民族面临着精神和文化上的全面崩溃。全盘西化的政治经济改革从根本上改变了俄罗斯人的生产和生活方式，也改变了俄罗斯人的世界观、人生观和价值观。俄罗斯民众心中弥漫着极端个人主义、玩世不恭、无心进取和不尊重国家的情绪。社会精神道德状况的急剧恶化使人们的价值选择陷入混乱。有俄罗斯学者认为，“一向以重视精神生活、追求道德品质而铸成的俄罗斯民族沦为现实利益的奴隶”。

在这种危机下，重建爱国主义教育体系成为俄罗斯最紧迫的任务。普京执政后，着力于构建统一的民族价值观、巩固国家政权、促进民族团结，从而保障国家安全与稳定。普京把维护国家统一、加强中央权威放在十分重要的位置，提出了由“爱国主义”“强国意识”“国家观念”“社会团结”四个方面组成的“俄罗斯新思想”，希望以此引领俄罗斯的价值观建设。此后，开展公民爱国主义教育成为俄罗斯政府的重要国策。2001 年，《俄罗斯联邦公民爱国主义教育国家纲要》问世。俄罗斯从战略层面部署公民爱国主义教育，以公民爱国主义教育为支点，通过打造完整的爱国主义教育政策体系，不断推进爱国主义教育在实践层面的落实。当代俄罗斯的爱国主义教育有几个突出的特点：

第一，体系完整。俄罗斯政府颁布了一系列爱国主义教育政策纲要，稳步推进爱国主义教育体系建设。在这一体系中，爱国主义教育的任务被总结为五个部分：一是完善爱国主义教育的理论体系、法律和监测体系；二是实现国家机构和民间组织间的爱国主义教育合作；三是开展军事爱国主义教育，提高公民自愿服兵役的积极性；四是促进志愿者组织或其他非营利性社会组织开展爱国主义教育活动；五是利用现代大众传媒手段，扩大爱国主义教育的影响范围。在俄罗斯爱国主义教育体系中，爱国主义教育的内容分为公民爱国主义教育、军事爱国主义教育、历史爱国主义教育、社会爱国主义教育、文化爱国主义教育和体育爱国主义教育六个部分。公民爱国主义教育旨在为公民树立统一的国家价值观念；军事爱国主义教育旨在增强公民的国防意识，提高公民服兵役的积极性；历史爱国主义教育旨在提高公民对俄罗斯历史的了解和自豪感；社会爱国主义教育旨在增强俄罗斯社会代际之间的互动和交流；文化爱国主义教育旨在使公民理解传统文化对现代社会的重要价值；体育爱国主义教育旨在通过发展大众体育运动强化公民的身体素质，增强保卫国家的信心和能力。这六个部分相对独立又相互促进，形成一个爱国主义教育内容的整体。对爱国主义教育内容进行细致地划分，使俄罗斯爱国主义教育有了抓手和载体，避免爱国主义教育沦为空洞的口号。

第二，全年龄段覆盖。俄罗斯爱国主义教育针对不同年龄的公民，设置不同的教育内容和目标，采取不同的教育方式，使爱国主义教育由浅入深，形成所有社会阶层和年龄群体共同参与的爱国主义教育体系。学前阶段，通过游戏使儿童了解俄罗斯的土地、森林、湖泊、动物和资源，使儿童自然产生对故乡的热爱之情，形成对祖国的正确认识。小学阶段是对青少年进行历史爱国主义教育和社会爱国主义教育的关键时期，主要通过社会学、文学、历史学、地方志等课程，以及丰富多样的课内外活动，培养学生对俄罗斯历史、地理、文化的了解。中学阶段，爱国主义教育的目标是培养青少年积极的公民态度，扩大学生对社会生活不同领域的认识，以及对人的权利的认识，认识社会生活的哲学、文化、政治、法律、社会经济基础，确定公民立场和社会政治导向，深化青少年对俄罗斯社会、经济和政治制度的理解和判断。大学阶段，爱国主义教育的主要目标是鼓励青年人参与俄罗斯社会、经济、环境、文化政策的讨论和制定过程。中青年阶段，爱国主义教育的任务是促使公民了解全球、本国、本区域的政治、经济发展信息，并激发俄罗斯公民自愿服兵役的积极性。老年阶段，爱国主义教育的主要目标是增加老一辈和青年一代的接触机会，强化代际之间的联系。

第三，全民常态化参与。开展丰富多样的全俄罗斯爱国主义活动，将俄罗斯国家价值观与公民的生活紧密联系起来，成为当下俄罗斯发展新型爱国主义教育最普遍的形式。对卫国战争胜利的纪念是俄罗斯公民参与最广泛的爱国主义活动。近年来，对这一节日的庆祝活动愈加频繁，活动形式也更加丰富，占全部爱国主义教育活动的近一半，每年对卫国战争的纪念活动都会掀起爱

△『5·9』胜利日当天的红场『无名烈士墓』

国浪潮。胜利纪念日当天，在莫斯科红场会举行盛大的阅兵仪式，向“无名烈士墓”敬献花圈，表彰革命老战士等活动。全俄各地举行“不朽军团”游行，二战老兵的亲属们举着先辈的荣誉奖章和照片走上街头。此外，各地区也举办读书会、战争历史讲座、文艺演出、老战士讲座等活动。俄罗斯政府也力促在儿童、青少年和大学生群体中扩大卫国战争胜利的影响力，比如组织全俄范围的青少年卫国战争美术作品展览、摄影作品展览、爱国主义教育论坛等。

第四，热衷打造爱国主义“标志物”。为培养公民的爱国主义情感，俄罗斯许多城市将历史传统有机地融入到城市建设中，

> 纪念斯大林格勒战役的『祖国母亲在召唤』雕像

使青少年在潜移默化中接受爱国主义教育的熏陶。俄罗斯常用著名的历史人物命名学校，如莫斯科国立罗蒙诺索夫大学，从而提高学生以人物事迹为榜样、向著名人物学习的内动力，培养学生的民族自豪感。俄罗斯大力投资建设多种多样的纪念馆和博物馆等，且对广大青少年学生长期免费开放。在俄罗斯各城市的主要广场、公园、街道、湖畔都建有反映不同历史时期重大事件的纪念碑和英雄雕像。城市的许多标志性建筑和街道还以历史上著名民族英雄、政治家和军事将领的名字命名，使历史传统有机地融入城市建设中。

第五，发挥社会作用。在苏联时期，公民活动广泛而有效，但它不是“自下而上”发起的，而是由国家政府发起的，实际上是一种动员机制。脱离了“自上而下”的意识形态动员和管控，苏联公民身上的爱国品质也随即消失。俄罗斯政府认识到了这一点，因此在爱国主义教育中不仅明确了国家政府的职责，还调动了民间机构，尤其是志愿者团体，引导他们共同参与到爱国主义教育中来。

第六，积极寻求创新。俄罗斯积极利用现代化大众传媒等新工具，使爱国主义教育渗透于民众的生活，扩大爱国主义的影响范围。政府支持传统媒介，比如设置爱国主义教育的电视节目，增设爱国主义教育的广播频道，发展爱国主义教育的电影动画、歌曲音频、图片视频等，积极宣传国家主流价值观念。俄罗斯政府也着力推进爱国主义教育资料的信息网络化建设，开设了“俄罗斯爱国者”等上百家爱国主义教育网站，不断更新各地区爱国主义教育活动。俄罗斯尤其重视利用互联网进行青少年爱国主义教育活动，积极在社交网站中建立爱国主义教育阵地，不断推送爱国信息、国家历史文化的相关内容，增加与青年群体的互动交流。俄罗斯政府将各类博物馆、档案馆的资料和文献电子化，并与各级学校相连，使学生方便查阅国家历史文献。

推崇尚武精神

俄罗斯教育对国家安全的重视还体现在其非常重视培养公民的尚武精神。俄罗斯历来重视军事教育，早在基辅罗斯时期，教育就具有鲜明的尚武特征。军事爱国主义是古罗斯时期爱国主义教育思想的独特之处。在《伊戈尔远征记》等古典文献中都能看到军事爱国主义的特征。从此以后，军事教育一直是俄罗斯教育的重要组成部分。在二战中，苏联对军事教育的重视无疑为其最终打败法西斯发挥了重要作用。冷战时期，苏联拥有庞大的常备军，军事教育、军事训练也一直是苏联教育体系的重要组成部分。普京执政后，俄罗斯对公民尚武精神的培养日益系统化、体系化。尤其在现阶段，面对西方的制裁，军事教育的重要性不断凸显。俄罗斯军事教育有以下特点：

第一，重视对卫国战争的纪念和教育。俄罗斯专门出台《卫国烈士纪念法》《俄罗斯军事荣耀日和纪念日法》《1941—1945年伟大卫国战争苏联人民伟大胜利纪念法》。2000年8月5日，刚刚出任总统的普京便签署总统令，将筹备和举办祖国军事历史纪念事件活动和退伍军人事务委会、俄罗斯庆祝伟大卫国战争胜利55周年纪念活动组委会改组为俄罗斯“胜利”组委会，普京亲任组委会主席。“胜利”组委会的职责包括：解决老战士优惠待遇相关事务，筹备和举办俄罗斯历史事件纪念活动，负责战争遗迹、烈士墓地、纪念物的维护，实施国民爱国主义教育，协调国家行政机关、社会团体的相关工作。20多年来，俄罗斯“胜利”组委会统筹规划、协调政府各部门在卫国战争事务方面的管理和保障任务，为实施爱国主义教育、培养国民的爱国主义精神做了大量工作。每年俄罗斯庆祝卫国战争胜利纪念活动都由“胜利”组委会组织进行。此外，俄罗斯政府通过组织“不朽军团”游行、建设和维护有关卫国战争纪念的公共空间、在国内外开展搜寻苏军烈士遗骸行动等官方或社会团体举办的纪念活动，反复向国民强调：苏联人民为世界反法西斯战争的胜利作出了不可磨灭的贡献，先辈们用自己的鲜血和生命为后人换来了和平，他们的丰功伟绩值得被后世永远纪念，代代相传。“胜利”组委会尤其重视发挥卫国战争老兵和退伍军人的作用，组织活动加强退伍军人、军人和劳动者对公民爱国主义教育的参与，使俄罗斯青年有更多机会接触卫国战争老兵和退伍军人，让他们从当事人的亲身经历中了解卫国战争英雄事迹和战争史实。

俄罗斯还重视历史教科书的统一规范。苏联解体后，俄罗斯奉行意识形态多元化，全国没有统一的历史教科书，学校和老师根据个人喜好选择教科书。在历史教学中出现了篡改、丑化、歪曲、否定俄罗斯历史的现象，尤其是 20 世纪历史的现象，甚至出现了否定卫国战争的正义性、抹杀了苏联人民反法西斯功绩的历史虚无主义浪潮。2007 年普京在全国社会科学教师会议中提出要在教学中加强对学生的爱国主义教育，制定统一的国家教学标准，鼓励编写和出版客观评述俄罗斯历史的新版教科书。2013 年 6 月俄罗斯历史学会公布了《祖国历史新教学法构想》(以下简称《构想》)，它从国家层面统一明确了俄罗斯历史的书写范围及内容。这一《构想》将 1941—1945 年卫国战争的内容用单独一章的篇幅做了详细规定，对战争性质、爆发原因、胜利因素等问题都有明确阐述，强调“苏联为反希特勒同盟的胜利作出了决定性的贡献，为胜利付出了巨大代价”。“对苏联来说，这场战争已经成为一场为国家生存而进行的全民的、爱国的神圣战争。爱国主义的崛起、前线和后方的团结，以及纳粹试图挑拨苏联各族人民关系的失败，都是卫国战争取得胜利的重要原因。”2016 年，新版俄罗斯历史教科书正式出版，对卫国战争的历史叙述表

< 俄罗斯『不朽军团』游行

达的是俄罗斯官方二战史观点，有效遏制了一些势力篡改二战历史、抹黑诋毁苏联在二战中历史功绩的企图，在思想源头上为树立俄罗斯青少年二战史观提供了有力保障，加强了俄罗斯的民族认同感和凝聚力。

第二，重视青少年的军事教育和训练。俄罗斯各级各类的教科书中都突出了军事教育的内容，并设立军事课。在许多普通高等院校，俄罗斯继承了苏联设置军事训练系或军事教研室的传统。部分高校根据专业特点，设置了具有本校特色的专业军事系，主要为军队培养具有高等军事专业知识的国防人才，如医科大学的军事医学系、经济学院的军事财会系等。军训教育也是青年学生的必修课。为防止俄罗斯青少年国防意识缺失，消除其在服兵役问题上的不良倾向，俄罗斯恢复在中学开展军训项目，要求俄罗斯普通中学的学生每年要到就近部队的基地内接受军事集训，各类技校和专科学校的同龄学生也要参加军训，而且男学生参加军训是强制性的。对于高校，《俄罗斯联邦兵役义务与服役法》和《俄罗斯联邦预备役公民军事训练条例》等法规，确定了包括大学生军训在内的预备役军事训练等一整套制度。大专院校中设立的军事教研室或军事训练系进一步完善了高校学生的训练管理体系。俄罗斯建有几十所供学生军训使用的专科学校、无线电学校、航海学校及航空俱乐部等。俄罗斯还在全国各地建立了青少年军事教育协会，通过组织各种适合青少年特点的教育和培训活动，使青少年不断接受军事教育。经军事教育协会培训过的青年，如果符合进入军事职业教育机构的要求，还享有被其所选择的军事院校优先录取的权利。

第三，不断创新教育方法，生动活泼推进军事教育。长期以来，俄罗斯的大众军事教育活动主要借助传统媒体和组织活动等方式展开。俄罗斯每年的红场胜利日阅兵仪式都通过俄罗斯国家电视台在全国实况转播，俄罗斯还专门制作和播出了介绍卫国战争历史的纪录片和电影，向观众讲述俄罗斯历史，弘扬爱国主义精神。俄罗斯国防部专门设有“星”频道，播出的内容以军事题材的节目为主。俄罗斯还充分利用实践活动进行教育推广。俄罗斯开展军事爱国主义教育的实践活动很多，在一些典型的活动中，如中学生争当长明火荣誉哨兵竞赛、青少年射击比赛和青少年积极分子军事探险等，成效比较明显。随着智能手机的普及和网络传播能力的提升，俄罗斯对军事教育形式进行了新的探索，走出了一条传统媒体与新媒体相交融、线下与线上活动相结合的道路。2020 年新冠疫情迫使俄罗斯政府采取了包括取消大型集会活动在内的多项防疫限制措施，很多庆祝卫国战争胜利 75 周年纪念活动不得不延期或从线下转移到线上举行，2020 年的“不朽军团”游行活动就以在线方式举行，5 月 9 日“胜利日”当天就有 300 万人参加了活动。整个为期 20 天的“不朽军团”远程在线游行活动吸引了来自全球约 2500 万人通过各类网站、社交媒体观看直播。2020 年新建成的“铭记之路”博物馆则采用新颖的多媒体互动形式向观众再现了卫国战争情节，展示了 3000 多万参战人员的资料。这种全景体验式的多媒体形式打破了传统的单向宣传说教方式，令观众融入到虚拟现实的场景中，产生情感共鸣。

第四，重视各类军事组织的作用。苏联时期曾形成了一批军事教育组织，如苏沃洛夫军事学校、支援陆海空军志愿协会等，它们绝大多数都以不同的形式保留了下来。此外，社会军事俱乐部的数量迅速发展，它们是自愿、自治、根据民间倡议形成的非营利性组织。仅在莫斯科就有大约上百家军事俱乐部，包括军事爱国协会、军事体育俱乐部、退伍军人俱乐部等。在这些军事爱国主义俱乐部中，青少年不仅能够学习俄罗斯军事历史，还会进行各种真正的军事训练，如野营、耐力行军、徒手格斗、使用自动步枪、投掷手榴弹等。

教育是一个国家、民族兴旺发展的关键。俄罗斯教育特点鲜明，高度重视国家安全，其内容又着重培养爱国主义精神和尚武精神。从结果看，这种教育无疑为俄罗斯历史上的强盛奠定了基础。俄罗斯从一个被蒙古人统治的弱小公国崛起为东欧大国，并挣脱了金帐汗国的枷锁，又逐步发展成为横跨欧亚、疆域辽阔的强大帝国，并凭借广大的战略纵深，数度打败人类历史上最可怕的侵略者，迈向国家发展的顶峰。

但在苏联解体后，俄罗斯的意识形态崩塌，俄罗斯公民的爱国意识逐渐淡化，国家安全面临严重威胁，发展空间被不断打压。俄罗斯民族面临至暗时刻。普京执政后，俄罗斯政府采取了果断措施，重塑了以国家安全为基础的俄罗斯教育，有效扭转了俄罗斯民族的颓势。在内外交困的环境中，爱国主义成了振奋民族精神、维护社会团结的重要力量。2000 年以来，俄罗斯青少年犯罪率大大降低，不同宗教之间的极端对立减少，不同族裔之间更加宽容，公民对祖国命运的责任感更加高涨，青年人自愿服兵役的比例提高。

然而，俄罗斯教育有时过度执拗于国家安全，导致教育出现

“偏科”的问题。俄罗斯是一个拥有光辉文化的国家，基础科学、应用科学、工程技术、文学、艺术等曾长期名列世界前茅。俄罗斯历史上曾经涌现出一批推动人类文明进步的杰出人物，如门捷列夫、巴甫洛夫、罗蒙诺索夫等科学家，托尔斯泰、陀思妥耶夫斯基、普希金等文学家，柴可夫斯基、拉赫玛尼诺夫、列宾等艺术家。然而，近年来俄罗斯对上述领域的教育投入不够，以至于只能吃老本，丧失了原有的优势。高校教师和科研人员收入不振，导致人才流失严重。俄罗斯已经不再是科教领域的“超级大国”，这严重制约了俄罗斯的发展，事实上也影响了俄罗斯维护国家安全所必须的科技、军工等领域发展。

在大国普遍全方位竞争的当今世界，这种教育“偏科”的弊端表现得更加明显。有西方人说，俄罗斯的身体进入了 21 世纪，而脑子还停留在 19 世纪。当前，对于俄罗斯而言最严峻的危机是发展困局，这已成了俄罗斯政治、社会发展的瓶颈，未来也有可能成为俄罗斯的生存问题、国家安全问题。对于俄罗斯来说，应当在坚持教育的国家安全主轴，继续巩固爱国主义、尚武精神教育的基础上，更加重视对科学技术的投入，重新找回失去的优势。这才是一个国家在当今时代均衡发展，在世界民族之林站稳脚跟的根本之道。

7

第七章

日本：败也教育
成也教育

第七章

教育与日本的国家兴衰、国家安全密不可分。日本走上了错误的侵略道路，最终在二战中战败，与其在教育中通过神化天皇将对外侵略正当化有关。战后，日本经济迅速复兴，一度成为世界第二大经济体，其重要原因是培养了契合产业发展需要的人才，提高了劳动生产率。作为灾害大国，日本在地震、海啸中的人员伤亡率并不高，根据儿童发展阶段开展的防灾教育对此功不可没。本章将从“皇国教育”与国家灾难、“教育立国”与国家发展、“防灾教育”与国民安全三个方面讲述教育对日本国家安全的影响。

“皇国教育”与国家灾难

日本在明治维新后不久即走上对外侵略扩张的不归路。先通过甲午战争迫使清政府割让台湾，又通过日俄战争获取在中国东北的特权，再强迫朝鲜与日本“合并”，最终发动九一八事变并全面侵华，在二战中彻底失败。日本之所以在错误的道路上越走越远，与自 19 世纪 80 年代起大力推行“皇国教育”关系密切。

明治维新虽名为“维新”，但实际是以“王政复古”，即将统治权自幕府还于天皇名义进行的。因此，新政府天然地具备“尊皇”色彩。1868 年 4 月发布的维新总纲领《五条誓文》就写明“求知识于世界，大振皇基”，暗示了此后日本的教育走上歧途的可能性。在经历了明治维新后 10 余年崇拜西方的社会思潮后，天皇和日本领导人愈发担心出现社会与思想混乱危及自身统治。1879 年，明治天皇在视察学校后，命令元田永孚起草《教学圣旨》，要求改变过于重视欧美的教育思想，指出此前的教育过于强调掌握欧美的知识技艺，忘记了仁义忠孝才是教育的根本，必须以道德为基础培养品行，在此基础上传授知识技艺。这成为日本教育政策的开端。1886 年明治天皇视察帝国大学时再次指出，如缺少“体国忠君之道德根基，我邦一举成为英、法、俄、德等国亦不可测”。1888年制定《大日本帝国宪法》时，首相伊藤博文解释称“无基轴而政治仍由人民妄议时，则将政失其纲纪，国家亦随之灭亡。……我国宗教之力尚微……在我国，应作为基轴者，独在皇室”。随后，1889年颁布的《大日本帝国宪法》第三条规定“天皇神圣不可侵犯”。直至二战战败，“皇国”成为日本教育迥异于他国的特征。自古至今的天皇不断被神化，直至成为“现人神”；因为有着“万世一系的皇统”，日本成为绝对正确，优于一切外国的“神国”；政府推崇的个人品德逐步走向极端，最终发展至将生命视为弘扬“皇威”，即对外侵略的工具。与此同时，学校不断美化侵略、殖民，学生成为侵略后备军，战时直接服务于对外扩张。错误的教育方针导致日本走上侵略不归路，既给周边国家带来了巨大痛苦，也让日本自身几乎走向毁灭。

日本教育走上毁灭之路的第一步是将天皇神化。1872年颁布的《学制》是日本近代史上首部教育立法。《学制》强调教育对个人发展有利，甚至批评维新前过分强调“为国接受教育”。但在实践中，“皇国教育”的色彩已经初露端倪。1872年的小学历史教科书《史略》已从“神代”开始讲述日本史，将第一代天皇——神武天皇称为“天神之子”。随着日本教育首要目的从1880年前后变为振作“尊王爱国之志气”，日本政府修改《教育令》，将“修身”，即道德课列于各课程之首。课时数也从仅在

一、二年级教授，每周 2 学时，发展至低中年级每周 6 学时，并增设高年级课程。最初的“尊皇”仅神化古代天皇。例如，尽管 1882 年的小学历史教科书《校正日本小史》将早期天皇作为“神的后裔”阐述，但同期的“修身”教科书仍将天皇作为人看待，提出“应以孝行父母之心尊敬吾之皇上，以孝事君即为忠”。

随着天皇的神圣被法制化，现任天皇成为类似宗教仪式的崇拜对象。1890 年日本政府颁布了《教育敕语》。这份文件是至 1945 年日本教育的纲领性文件。《教育敕语》讲述了个人应遵守的道德，规定“一旦缓急，则义勇奉公，以扶翼天壤无穷之皇运”。文件誊本和“下赐”的天皇与皇后画像迅速发放至全国小学。1891 年 6 月，文部省规定了奉读《教育敕语》的程序，在与皇室有关的节日时，全体师生必须汇集会场，首先敬礼并奉祝万岁，而后奉读《教育敕语》，再由老师宣讲历代天皇伟业、节日由来等。元旦等节日也必须举行“奉读”仪式。同年 11 月，文部省规定《教育敕语》和画像必须供奉在特定场所。由此，现任天皇在学校成为近似于神的崇拜对象。校长因画像在火灾中被烧毁而自杀，教师在海啸中为保护画像而殉死的荒唐事件也屡见不鲜。“尊皇”还体现在教育重点的转变上，1890 年 10 月，日本政府修改《小学校令》，阐述教育目的时将教授“道德教育及国民教育之基础”置于“生活必须之普通知识技能”之前。该令起草者江木千之指出，“道德教育”的内容是《教育敕语》，“国民教育”的内容是“日本固有的性质”，即“无与伦比之处是奉戴万世一系之天皇，此乃最大之荣誉、最大之幸福”。

此后，神化天皇愈演愈烈，为此日本政府不惜篡改历史。对皇室表示敬意发展至每天朝礼后向东方行“最敬礼”，唱诵誓词“谨祈天皇陛下之健康，奉慕天皇之高尚御德”……1900 年 8 月的《小学校令施行规则》规定所有课程应留意讲授道德教育相关事项，“修身”再次首当其冲。此后，六年级“修身”教科书中神化天皇、要求忠君的内容从之前的 10% 增加至 30%。最后三课时专门讲授《教育敕语》并要求默写。1918—1923 年陆续刊行的第三版“修身”教科书中，新增加了明治天皇与民同甘共苦、赐给盲人救济金、多次救助灾民、冒雨观看军事演习、日常生活极其朴素节约等事例。1933—1939 年刊行的第四版“修身”教科书中干脆直接称“仰戴天皇为神并奉戴皇室为宗家，乃我国世界无比之处”。20 世纪前 10 年的历史教科书中与天皇有关的内容占近 50%。为突出天皇的“万世一系”，还篡改了南北朝天皇并立等内容。20 世纪 20 年代的历史教科书则将历史变为神话。第一卷第一课《天照大神》中，就栩栩如生地描述天照大神躲进“天之岩屋”，在众神用八尺镜、勾玉取悦后现身的过程，阐述了作为皇室权力象征的“三种神器”的由来和权威性。第四课描述神功皇后征三韩时则称“新罗王大惊，称‘东方有日本神国，有卓越天皇。今日来者必为日本神兵。该如何抵挡呢？’遂举白旗投降”。作为战时教科书，1940 年的“修身”和 1943 年的历史教科书干脆宣布日本各岛均为“神生”，将日本称为“神国”，称天皇为“现人神”。

神化天皇的目的是强调日本的优越和特殊性，进而要求学生为天皇、国家献身。森有礼作为近代首任文部大臣，主张将“国家”归结为国民忠于天皇的国体。他在公开训示时主张盛行国风教育，即彰明国体在学校课程中阐述日本“优于万国之处”，“列朝天子抚育之深厚”。1887 年的教科书审定制规定历史教科书的审定标准之一是“使学生知晓本邦国体之大要”。同年代小学中年级教科书多处突出日本的独特性，即日本“万代只尊一王，乃五大洲中无与伦比”，日本人生于“天地间无双之尊贵国家”。

1917 年，“临时教育会议”要求在中学教育中突出日本的“皇统连绵、金瓯无缺”国体，对大学则突出国家思想。在政府看来，突出日本“国体”的根本目的是让国民“明忠孝之大义”。1900年后的教科书开始将尊敬皇室、保卫大日本帝国作为优秀臣民的标准。

侵华战争前夕，日本文部省发行了《国体之本义》。该书 5 年间印刷 103 万册，影响广泛，阐释了国体的含义、特征和对臣民的要求。这本书强调皇权神授，认为“忠君、爱国、敬神为一体”，完全否定“培养个人创造性和开发个性”的教育，要求“国民舍我去私、唯奉天皇”，表示“为天皇奉献生命并非自我牺牲”，而是“舍小我生于大皇威，发扬国民真生命之所以”。二战期间，日本通过强调“皇国”“神国”，鼓励民众支持侵略，相信本国能够最终获胜。历史教科书就称元朝入侵日本未果的原因之一是“天照大神相助”。臭名昭著的“神风”突击队由此得名。

日本既然被塑造成无以伦比的“神国”，在其国民眼中对外侵略自然有着不容置疑的正当性。“富国强兵”的国策变为“强兵富国”的时期恰好也是日本教育方针转向的时期。军费支出占政府支出的比例从 1880 年的 19% 增加至 1885 年的 26%。此后直至 1945 年，军费支出占比一直处于高位，在几次发动侵略战争期间则高达 70%—80%。同期，学校教育也开始逐步要求学生具备军事技能。如 1883 年的《征兵令》放宽对公立中学毕业生服兵役要求的同时，规定学生在校期间须学习陆军知识和技能，毕业要经陆军考试委员测验合格。

甲午战争和日俄战争是日本教育美化侵略的肇始。1894 年 7 月，日军攻占朝鲜王宫，扶植傀儡政府，并对清朝不宣而战。明治天皇 9 月在广岛设置大本营指挥作战。同期，各县教育会纷纷派代表赴广岛大本营参观，回乡后向教师宣讲。“修身”课成为培养学生敌对情绪的舞台。如高松市鹤屋町小学“修身”课上，教师指着挂图说明日本的“勇将猛卒”将“罂粟光头”（对清军的蔑称）赶入平壤，最终占领“妖敌”根据地。战后，小学男生的绘画作品以战争为题材的竟占大半。日俄战争期间，小学课程再次临时性地增加了美化战争的内容。部分学校的运动会顺势开展要塞攻击、无线电通信等战争游戏。中小学生也广泛地参加了各地组织的庆祝战争胜利的游行活动，以至于经过日俄战争后，奉天（今沈阳）、旅顺、哈尔滨等中国地名在日本小学生中尽人皆知。

教科书也随之出现了大量美化、神化日本侵略军的内容。例如，“修身”教科书中描写了“被子弹击中，死后仍口含喇叭”的木口小平传令兵的故事；国语教科书中讲述了一位母亲寄信鼓励儿子“上战场舍命报君恩”使士兵很受感动的故事。事实上，这名士兵因体弱被要求退出现役，并未参与战争。这种以美化侵略战争中的人物教育儿童的做法一直持续至战败，尤其在日本 1937 年全面侵华后最多。例如，淞沪抗战时被日军宣传为“舍生忘死”后写入教科书的“肉弹三勇士”，其实际死因是错误计算了导火索长度。

另外，通过侵略扩张获得领土与权益的结果则被描述为天皇的“圣德”，民众生于不断对外侵略的时代则被描述为“沐深厚之皇恩”。第四期历史教科书干脆无耻地编造“满洲”“支那”土地广阔、资源丰富，却“开发落后，产业不兴”，于是“这些国家希望借助我国之力开发其资源，实现其国之繁荣”，将来“日、满、支三国合力，实现东亚之繁荣”。在这种歪曲事实、美化侵略的灌输下，日本民众中有相当部分渴望“为天皇效力”，进入军队“奋勇杀敌”。

随着日本野心的膨胀，学生不仅被灌输了美化侵略的思想，更直接成为发动侵略的人力资源。1923 年秋至 1924 年夏，陆军省向陆军卫戍地附近 92% 的中等以上学校派遣了现役军人，指导军事体操、实弹演习、马术等科目。1925 年起，日本政府公布《陆军现役将校学校配属令》，规定向公立中等以上学校派遣现役军人实施军事训练。军训基本内容包括单人军训、部队军训、射击、指挥方法、战场勤务、信号旗、距离测量等。1931 年起，柔道和剑道成为中学必修课。二战中，学生更直接成为动员对象。1943 年起，日本政府要求学生增强从事军务和国防的能力，必要时直接配合国土防卫。1944 年规定在校生 1 年内需有 1/3 时间劳动，随后又将初中以上学生全部投入军需产业。至此，日本的教育已经伴随着国家在事实上完全崩溃。

"教育立国"与国家发展

一些经济学家曾探讨过经济总产出增长比要素投入增长更快的原因，结果发现教育和培训是现代经济增长的重要源泉。例如，亚当·斯密的《国富论》就认为，人接受教育所学到的知识和培养的才能是国民财富的一部分。美国经济学家舒尔茨的研究则表明，人力资本的投资收益率远大于物质资本的投资收益率。"教育立国"一直是日本的国策。日本政府亦相当关注教育和经济发展之间的关系。直属内阁的经济审议会在 20 世纪 60 年代翻译出版了舒尔茨等经济学家的人力资源著作。1963 年，经济审议会向政府提交报告称，过去 50 年间，日本的国民收入增加 650%，但就业人数仅增加 80%、资本仅增加 120%。在"无法说明的增长"中，相当部分得益于教育资本的增加。在此背景下，1957—1970 年日本制订的国家经济发展计划均不同程度地包括发展教育的内容，可以说政府有意识地通过教育投资了人力资本。据日本中央大学经济研究所的调查，1955—1970 年日本经济增长的 80% 以上得益于劳动生产率提高，而劳动生产率提高与劳动者素质息息相关。因此，日本在战后至20世纪70年代初期之所以能够实现经济的持续、快速增长，迅速增强国力，与其及时、恰当地实施教育政策有密切关系。

二战前，日本已经基本做到小学入学率接近100%，1950年的初中教育普及率已经达到80%。20世纪50年代，日本就业者的86%具有初中学历。这意味着尽管日本的工业基础有相当部分毁于战火，但在教育上和发达国家处于同一起跑线。这是同时期的中国、印度等其他发展中国家难以比拟的。日本经济高速增长期与高中教育的完全普及和大学的大众化几乎同步。1955年高中入学率为51%，1974年已超过90%。大学入学率也从1955年的10%增加至接近40%。到1970年，日本25—34岁人口的平均受教育年限在西方发达国家中仅次于美国，领先于英国、德国，位于第二梯队领头羊的位置。但是，日本政府的教育政策并非简单地增加高中、大学的数量，而是着力于培养契合产业发展需要的人才。具体而言，在经济增长以重化工业为核心，钢铁、化工、机械工业占第二产业的比重迅速提高的情况下，日本迫切需要加强技术教育，培养熟练技工。为此，政府开展了教育规划、重视理工科教育与职业教育、平衡了对初中等教育和高等教育的投入，有力地支持了经济增长。

第一，有计划地供给、培养人才。在高速增长期，日本政府对教育的计划，涵盖培养各层次人才数量、重点培养的能力、大学专业规划等方方面面。1955年《经济自立五年计划》就明确指出要制定适应经济发展的科技人员培养规划，以提高产业技术。规划对象包括培养中高级科技人才数量、义务教育内容、中高等学校的设置等。1957年，因经济增长快于预期，日本政府又出台《新长期经济计划》，首次将教育计划编入国民经济发展计划。该计划预计到1962年共需要2.75万名理工科大学毕业生，由此，政府开始实施扩招8000名理工科学生的计划，到1960年基本完成。1960年，“提高人的能力与振兴科学技术教育”成为池田勇人政府《国民收入倍增计划》中的五大目标之一。劳动者素质得到前所未有的重视。其背景是劳动力供给不足，日本政府担心的问题从失业变为毕业生的技术水平与技能满足不了社会需要。《国民收入倍增计划》指出，对研究人员和从事测量控制、管理生产、维护设备的专业技术人员的需求将增加，预计至1970年对大学毕业水平的技术人员、工业高中培养的技术人员和经职业培训的技术人员的需求缺口分别为17万人、44万人、160万人。为满足需求，经济审议会按照政府要求于1963年向政府提交《人才能力开发计划》。这一计划认为未来工业的发展趋势是生产自动化和信息化，日本将从科技领域的追随者逐渐变为创造者。为此，其要求从小学到大学都要教授有助于掌握生产自动化和信息处理技术的科学知识与思维方式，从培养适应新技术人才的角度对教育进行结构化改革。所谓结构化改革，一是因材施教，尤其重视挖掘精英；二是尽可能缓和社会轻视职业教育的倾向，让职业教育中的农业和工业课程现代化，建立资格认定制度，为低学历技术人员创造发展空间；三是鼓励中等教育中的知行合一，增加实习内容，以培养创造力；四是改革大学工学教育，更重视基础学科和跨理科、工科教育，以满足材料研发、自动控制、信息处理、系统工程领域的人才需要。通过上述规划，日本不仅在高速增长期获得了急需的人才，还在高速增长期结束后较为成功地实现了经济的转型升级。20 世纪七八十年代，日本的制造业从“重厚长大”的钢铁、化工工业等成功转型为“轻薄短小”的家电、汽车工业，并创造出随身听、红白机等具有世界影响力的产品，和 20 世纪 60 年代的教育转型不无关系。

第二，偏重理工科教育。重视理工科教育是整个高速增长期日本教育的主基调之一。早在 1953 年百废待兴之时，日本就通过《理科教育振兴法》规定国家出资 50% 补贴学校购买理科教育设备，让从中小学理科教育设备达到国家标准，并能培养合格的理科教师。自 1957 年的《全新的长期经济计划》强调理工科人才培养后，日本政府在定期修订各阶段的《学习指导要领》（教学大纲）时就不断贯彻这一精神。1958 年文部省修订小学《学习指导要领》。这一方案修改了战后借鉴美国，强调自由研究的教育观，将教育变为“以教科书为中心”，增加了数学和语文课时数，数学部分尤其强调对计算等基础技能的掌握。1968 年的小学《学习指导要领》突出“筛选精英”的能力主义概念，是迄今为止学习内容最多、难度最大的版本。数理课程难度大幅提高，如将九九乘法表安排在二年级，三年级至五年级分别增加函数、集合、概率等教授数学思维方法的内容。同期出台的初中、高中《学习指导要领》则开始要求按照学生的理科、英语能力编“快慢班”。因此，20 世纪七八十年代，在各种跨国学力测试中，日本的中小学生数理能力在发达国家中经常处于冠、亚军的位置。高等教育领域也是如此。战后美国主导的教育改革一度让日本的大学“重文轻理”，理工农三科占比降至 21%。但在政府推动下，1965 年的大学毕业生中，理工科专业学生比重已经增至 45%。到 1985 年，在硕士学位授予者中，理工农专业占比高达 66.3%。中国学者于颖认为，在高速增长期，日本高等教育为适应经济发展需要主动进行了结构调整，在科技实力的增强与不同层次的人才培养方面作出了一定贡献，从而为经济高速增长的实现创造了条件。

第三，偏重职业教育与生产技能教育。战败前日本的职业教育主要由实业学校、国民学校高等科实施。在战后被占领期进行的教育改革中，这些学校大部分转为普通高中。职业教育一度出现后退，对职业教育的补助措施也因财政改革被暂停。在政府和民间组织的推动下，1951 年日本制定了《产业教育振兴法》。该法律指出，产业教育（职业教育）是经济发展的基础，也是改善

国民生活的最好方法。为此，政府成立了中央产业教育审议会，负责制定职业教育设施和设备的国家标准与关于职业教育的综合计划。日本中央政府也依法增加了财政支出，为购置职业教育所需的教学仪器和设备提供必要的经费补助。日本的职业教育由此重新走上快车道。1958—1959 年，全国工业高中（相当于我国的职高）新设了电气、工业化学、机械等学科，扩招了 1 万余名学生。从 1955—1965 年，工业高中学生占比从 9.2% 增至 12.3%。而在普通初高中，培养工作岗位必备的技能也成为教育重点。随着《学习指导要领》修订，在初中新设了农业、工业、商业、水产及家政等职业选修课，要求学生自初一起每学年必须选修 1 门以上，课时数最低为105课时，初三增至140学时。其中男生的学习内容与工业生产结合极为紧密，课程从制图、木材与金属加工等基础科目起步，发展至机械、电气等科目，教授的技能包括使用机床、分解维护发动机等。毕业实习要求学生选择制造机械模型、组装电子管收音机或操作农业机械。高中课程中的职业必修课也从30学分增至35学分。由此，除了职业学校的学生，即使是接受普通教育的中学生也能够具备工农业常识，掌握一定的生产技能。

第四，平衡投入，不在高等教育领域投入过多资金。纵观整个高速增长期，大学生人数的增长率最为可观。但是这种增长中的相当一部分依靠放宽对私立大学的限制实现，国家投入的资源有限。直至今日，日本学生在高等教育阶段的家庭负担率依然超过50%，而经济合作与发展组织成员国的均值仅23%。其结果是在日本接受高等教育的个人收益率处于发达国家中最低水平。因此，日本政府事实上搭了个人投资高等教育的便车。当然，这种“搭便车”的行为也产生了机会不平等这一副作用。

综上所述，恰当的教育政策是日本经济实现高速增长和顺利转型的重要原因。正确预判经济与技术发展趋势，有重点地培养人才的教育方针至今仍有一定参考价值。

“防灾教育”与国民安全

日本是自然灾害，尤其是地震频发的国家，但同时也是防灾领域的发达国家。2011 年 3 月 11 日发生了震级高达 9.0 的东日本大地震。这是日本历史上震级最强的一次地震，而震感最强的宫城县又是日本东北部人口相对稠密的地区。但因地震而遇难的人数仅有大约 800 人，占全部遇难者总数的 5%。相比之下，1923 年 8.1 级的关东大地震导致的死者数量高达 14.3 万人。遭遇海啸袭击的死亡率也较 1896 年的明治三陆地震大幅降低。灾害造成的人员损失大幅降低的原因是多样的，如不断吸取教训开展立法提高建筑物耐震标准、建立了与手机联动的地震预警系统等，但防灾教育对减少伤亡功不可没。以东日本大地震为例，儿童与少年的死亡率明显较低，在总人口中约占 19% 的 0—19 岁儿童与少年在遇难者中仅占 5.6%。在部分防灾教育较充分的地区如釜石市，中小学生在海啸中生存率达到 99.8%。

日本中央教育审议会是文部科学省的教育政策咨询机构。2008 年，审议会将“生命力”作为教育的整体目标。这一概念强调让受教育者具有“自主发现课题，作为主体判断与行动，更好解决课题的资质与能力”，同时拥有“有人情味的人性、坚强生活的健康和体力”。在重视“生命力”的背景下，2008 年起，日本的《学习指导要领》（教学大纲）总则中加入了新的安全教

< 东日本大地震后的海啸使沿海地区遭遇重大损失

育规定，各科目中的安全教育得到进一步充实。防灾教育是安全教育的重要一环。东日本大地震发生后，防灾教育再次受到前所未有的重视。从文部科学省编纂的相关资料看，日本在学校内建立了符合儿童发展规律的教育体系，结合防灾教育和地区特点开展防灾演习，并培养学生为防灾与救灾作贡献的能力。

根据儿童发展阶段跨学科进行教学是日本防灾教育的基础。长期以来，日本中小学一直持续、跨学科地开展防灾教育。例如，小学教育中的理科、社会、道德、体育都包括防灾相关内容。2010 年，文部科学省提出了防灾教育的三大目标：一是深化对灾害的现状、原因与对减灾的理解，发生灾害时能够基于正确判断采取决策与行动；二是能够理解、预知发生地震与台风时的危险，在平时做好防灾准备，在发生灾害时确保自身安全；三是理解生命的可贵，认识到建设安全、安心社会的重要性，为学校、家庭和地区的安全作贡献。东日本大地震后，文部科学省认为尽管学校每年进行数次防灾训练，但防灾教育仍未体系化，且不符合儿童所处发展阶段的特点。此后，日本更为明确地从认知、行动、贡献三个视角，确定了自幼儿园至高中各阶段的防灾教育目标。幼儿园阶段，以培养儿童在紧急状态下服从教师命令并培养安全习惯为主。例如，在这一阶段老师生动地将地震晃动时寻找空旷地点下蹲抱头的姿势比喻为“西瓜虫”，以便孩子们理解。小学阶段，要求儿童了解所在地区的常见灾害，在紧急时能自主确保安全，同时注意周边人员安全，必要时进行简单的应急处理。中学阶段，要求学生理解灾害的原理，能够预料到灾害时危险程度高的场所，带头避难，掌握心肺复苏等急救技能。高中阶段，要求掌握日本与世界发生灾害的原因和历史，了解发生灾害后所需要的物资与人力支援，积极参与本地区的防灾、救灾。上述教育目标被具体分解至理科、体育等不同科目的各学年实施。2017 年，日本修订《学习指导要领》，小学阶段更重视针对本地区常见灾害，如地震或海啸等开展教育，中学阶段甚至强调灾害多发是“日本自然环境的基础特点”。

定期结合学校所处环境和不同阶段的教育内容开展防灾演习

是减少学生伤亡的关键。在日本，每年开展防灾训练的学校比率接近 100%。从案例上看，不同年龄、不同地区学生所经历的演习并不相同。例如，某幼儿园的防灾演练的“剧本”较为逼真：园长与老师们先被要求在平时所用的广播设备损坏的情况下，使用喇叭引导儿童躲避；再结合幼儿园所处的地理环境，设想地震导致附近住宅发生火灾，组织儿童再次转移至附近的公园；最后将儿童移交给家长。整个过程中，幼儿园各老师与家长的责任分工非常明确，细化到了要求家长接送孩子时尽量携带不露趾的鞋子及长袖服装的程度，并且考虑到了手机无法使用时家长如何接送孩子的问题。可以想见，在年复一年的演练过程中，校方能够逐步发现问题，根据实际完善防灾计划。在小学防灾演习案例中，教师会先使用补充教材预先教授基础知识，着重讲解紧急地震速报（日本的地震预警系统）和避难路线。相比幼儿园的演习，小学教师的参与性明显减弱，更注重培养学生自主行动能力。演习时不再要求学生列队前往学校操场，而要求学生在保持冷静的情况下自行步行至户外，再快速到达集合地点。进入初中后的防灾演习则加入了规划避难路线，协助应急处置伤者等内容。高中的防灾演习则更重视练习心肺复苏，体验搭设帐篷、搬运物资、接待避难人员等救灾科目演练。根据当地地理特点，部分学校的防灾演习会演练应对海啸、水灾甚至龙卷风等灾害。例如，因曾经发生过 3/4 居民因海啸遇难的历史，釜石市更重视关于海啸的防灾演习。总体而言，无论是幼儿园还是高中，在确保个人安全方面，要求学生在听见地震警报后寻找头顶无坠落风险、周围无倒塌危险的避难场所，在晃动停止后头戴防灾头巾前往避难场所的演习已经流程化。可以想见，绝大多数日本学生具备在遭遇灾害时确保自身安全的能力。在东日本大地震中，甚至存在着一年级小学生自行按照事先规定的避难路线从家中逃离，在海啸中幸免于难的案例。

初高中教育着重培养学生在灾害中帮助他人的能力，让青少年成为社会与家庭的防灾先锋。日本的中小学因多具备室内体育馆，常常是政府指定的当地居民避难场所。东日本大地震后，灾区就有约 20% 的学校接纳灾民临时栖身。这是从中学阶段开始，日本防灾教育的重点逐步从自助转为助人的重要理由。在政府公布的典型案例中，某初中防灾教育 3 年共计 60 学时，2/3 以上用于培养学生的助人能力。教学内容既有帮助家人的一面，如判断住宅是否有倒塌风险，训练扑灭早期火灾，制作防灾地图等；也有帮助身边人的一面，如学习急救方法、在避难所协助搬运物资与分发食物等。还有一些中学教育学生从平时做起，检查家中是否有收音机、蜡烛、简易厕所等防灾储备，根据倒塌风险重新规划家具摆放位置或予以固定。进入高中阶段后，各学校地理课普遍要求学生根据本地区不同时期的地形图判断灾害高风险场所，根据政府公布的防灾地区规划家庭避难路线；保健课则广泛地开展心肺复苏训练。个别学校甚至开展了临时用水泥和砖头搭建炉灶、组装帐篷等较高难度的实践活动。上述教育一方面通过青少年强化了其所在家庭的防灾准备，另一方面也为青少年走向社会乃至成家立业后制订家庭和职场的防灾计划、协助救灾打下了一定的基础。东日本大地震发生后，宫城县的高中生就曾在海啸后协助灾民前往本校体育馆避难、烹调与发放食物、在避难所照顾儿童。釜石市的中学生在前往高处躲避海啸时也曾协助行动不便的老幼逃难。

日本的防灾教育特色鲜明、成效明显。当然，各国情况不同，并非所有国家都有必要在教育中如此重视防范地震或海啸。但根据本国特点不断完善教育规划与实践，以求确保国民安全的精神值得借鉴，对于地震高发区，其防灾演习等具体做法也颇具参考价值。

参 考 文 献

1 臧佩红:《日本近现代教育史》，世界知识出版社 2010 年版。

2 王玉珊:《日本教育及其在经济发展中的作用研究》，中国社会科学出版社 2012 年版。

3 于颖:《日本高等教育发展与其国家竞争优势》，中央编译出版社 2017 年版。

4 日本文部科学省、「学制百年史」、日本文部科学省网站 1981 年版。

5 李想:《近代日本道德教育及其与日本军国主义的关系研究》，中国地质大学博士论文，2015 年。

6 刘敬文、「教育投資と日本の戦後経済高度成長」、日文研网站。

7 日本文部科学省、「学校防災のための参考資料 『生きる力』を育む防災教育の展開」、日本文部科学省网站 2013 年版。

8 日本文部科学省、「学校における防災教育の取組」、日本文部科学省网站 2020 年版。

8

第八章

英国："帝国"底色与价值引领

提到英国的教育，给人印象最深刻的或许是绅士文化与精英教育。长期以来，精英教育对英国的政治、经济、社会与文化的传承，以及国际影响力的维系都发挥了重要作用，堪称维护包括繁荣、价值等广义英国国家安全利益的重要支撑。但与此同时，英国精英教育的局限性也带来了阶层固化、社会分化等现实问题，被视为

英国诸多社会问题的源头，对英国的国家安全形成反噬。如果说，精英教育与英国国家安全的关系是在漫长的历史发展进程中的不断演绎，那么，近年来，与英国的国家安全更为直接相关的两个教育问题是主流价值观的维护与教育国际化中的“安全风险管理”。随着英国国家安全概念、内涵以及相关法律、法规的泛化，英国教育与国家安全的相关性更为直接，为大势所趋。

精英培育与人才支撑

英国学校教育的产生及其早期发展与教会密切相关。6 世纪末，英国就出现了学校教育，学校是与教堂共生的。英格兰学校是教堂的产物，伴随着基督教在英格兰的流行而兴起。教会建立学校的目的很简单，就是通过教育来传播基督教教义和培养基督徒。这种情况一直持续到文艺复兴之后，英国教育思想史发端，人们开始思考如何改革教育，使教育跟上时代的步伐，培养出符合时代需求的一代新人。在学校出现将近 1000 年后，英国出现了较为系统的教育思想。从文艺复兴时代起到 20 世纪下半叶，英国前后出现过 9 个教育思想流派，涵盖人文主义、空想社会主义、科学、古典、功利等各个方面，其中，绅士教育思想影响最为深远，不仅为当时英国资产阶级和新贵族改造传统的旧教育、创办新教育指明了方向，而且长期影响了英国乃至欧美的教育实践。

英国精英教育的重要思想启蒙者是 17 世纪英国启蒙思想家、哲学家和经济学家洛克，他提出了“英国教育的目的是培养绅士”的观点。其 1693 年出版的《教育漫话》一书，被广泛认为是论述“绅士教育”“精英教育”的经典之作，广泛而持久地影响了英国本身乃至欧洲大陆和美国的近现代教育。洛克“精英教育”思想的提出有其特殊文化与社会背景，主要是服务于英国资本主义发展的需要，即新兴资产阶级需要培养一大批资本主义事业发展的接班人。洛克强调教育的作用，主张通过教育促进未来绅士的身体、德行和智慧的发展，其有关体育、德育、智育的教育理念反映了处于上升阶段的新兴资产阶级的现实利益，也是洛克思想能够对欧洲大陆以及美国产生影响的根本原因。英国精英教育思想的内涵尽管随着时代的变化而变化，但倾向并没有多大的改变。在洛克看来，绅士的正当职业是为国家服务。绅士属于社会的精英，抓住了精英的教育，社会的发展就有了保障。“抓好绅士教育，社会便会踏上征途。”也就是说，“一旦这个阶层的人通过教育拨正方向，他们就会迅速地带领其他人踏上正轨”。但实际上，正如有学者指出，整部《教育漫话》讲的都是“如何培养政治精英”，而不是在一般意义上谈论儿童教育或家庭教育。如果将《教育漫话》与洛克的其他著作如《政府论（下篇）》《论自然法则》《基督教的合理性》《人类理解论》等文本对观，这一点就会更加分明。

洛克等人的一些经典教育思想强调“人格教育优先于知识教导”，重视体育教育，倡导包含德行、智慧等全面教育，推崇为祖国服务的爱国主义思想。强调绅士的民族责任感，“尽心竭力地为祖国服务”。尽力增强英国的经济实力，以奠定“不列颠帝国”的基业。不仅如此，绅士还要勇敢地去扩展英国在海外的势力。这种“绅士文化”不仅深刻地影响着英国的学校教育，也长期地影响着英国的国家意识形态。

在实践上，英国教育培养绅士的任务主要是由伊顿等公学，以及牛津、剑桥等精英大学来完成，14—15世纪建立起来的九大公学至今仍旧被完好地保存下来并获得了更大的发展，直到20世纪，英国公学的教育目的都是塑造“英国绅士”，即成为将自己奉献给公共事务的“精英公民”。英国历任首相中有20位毕业于伊顿公学。伊顿著名的名人墙上，既有威廉王子和哈里王子等王室贵族，也有卡梅伦、约翰逊等首相政要，还有“詹姆斯·邦德”系列作品的作者伊恩·弗莱明、坎特伯雷大主教等各界名流，以及授勋的士兵、奥林匹克运动员、记者和冒险家。虽然随着时代的发展，英国教育体系也产生了向大众教育发展的转变，但这种“为精英阶层培育精英”的做法，至今仍对英国产生重大的影响。

萨顿信托基金会与英国“社会流动委员会”联合颁布的《2019年英国精英报告》指出，对政治、商业、媒体、创意产业等领域的领军人物的教育背景进行的分析显示，拥有私立教育背景的人占39%，而就英国整体而言，该比例只有7%，也就是说，社会精英阶层接受顶级精英教育的机会是普通人的5倍以上。在法律、政治、外交以及媒体等公共部门，这一比例更高。例如，高级法官、公务员、上议院议员以及外交部外交官中私校背景人员占比分别为65%、59%、57%和52%；在100名最具影响力的新闻编辑和播音员中，43%的人就读于私立学校；44%的报纸专栏作家接受过私立教育，1/3的人同时拥有就读于私立学校和牛津、剑桥大学的教育背景。萨顿信托还曾对英国多个政府内阁的教育背景进行了分析，数据显示：约翰逊以来的保守党内阁接受私立教育的比例都超过了60%，苏纳克内阁和约翰逊内阁有牛津、剑桥背景的比例分别高达45%和47%。三个内阁中同时具有私立教育和牛津、剑桥背景的比例都超过了20%。

作为一个曾经的帝国，精英教育不只是对英国自身的国家发展具有长期影响，也是维系帝国乃至后帝国影响力的政策选择。早在1974年，著名比较教育学家马丁·卡诺伊就曾指出，发展中国家的教育是发达国家文化帝国主义的产物，发达国家政治上的霸权导致了发展中国家教育中的依附和从属地位。他强烈谴责殖民地学校教育是故意延续英国帝国统治政策的一部分。美国学者席林针对英国殖民时期教育政策的研究发现，1895—1930年的肯尼亚教育，主要受英国殖民者创建“白人国家”目标的影响。他认为，1923年英国殖民当局成立的英属非洲教育委员会的目的就是扼杀非洲的民族主义。战后，为遏制非洲殖民地民族解放运动的兴起和推行“地方自治政府改革”，英国政府有意识地将精英教育作为影响非殖民化国家社会经济发展和政治模式的重要工具。在当地非殖民化的进程中，教育承担了所谓的“文明使命”，强调亲英式“公民教育”，实行社会控制和建构文化帝国主义，甚至“合法化帝国主义”，培养帝国“合作者”，其重心在于影响前殖民地国家继续服务于帝国统治。英国殖民部曾高度重视殖民地受过教育的阶层，将为他们制定所谓的“发展规划”视为最重要的殖民政治问题。此外，还通过英国文化教育协会和工人教育协会等机构对赴英非洲留学生开展英国“公民教育”以及助其了解英国政治体制的政治教育等，希望将前殖民地留学生培养成欣赏英国文明的知识分子乃至领导人。

由此可见，在漫长的历史长河中，从曾经的帝国到超实力发挥影响力的大国，精英教育在英国内外政策的长期发展中都扮演了重要的角色，这一现象曾长期被视为英国的优势，凸显了精英教育模式的现实影响力。通过既定模式的培育体系，打造核心精英阶层，维系了英国政治、经济、社会和文化乃至对外影响力的相对稳定性与历史传承，捍卫了包括价值观、经济繁荣等广泛意义上的英国国家安全利益。

但应当看到，从一开始，英国的精英教育就是为新兴资产阶级服务的，存在先天的局限性。正如有学者指出的，洛克《教育漫话》真正的教育对象，不是平民子弟，也不是普通绅士，而是政治精英，这种教育模式更有利于上层社会维系其阶层地位。随着时代的发展，由此而导致的阶层固化、社会流动性减弱和内部分化乃至分裂等社会问题，以及数学、科技等专业领域教育的缺失，也会反噬英国的国家安全，削弱英国的竞争力。英国前首相约翰逊的妹妹雷切尔甚至说，这是一个“几乎导致了英国社会所有错误的制度”。英国牛津大学著名的人文地理学教授丹尼·道灵认为，英格兰教育（尤其是某些顶尖的英国高校，意指牛津大学及剑桥大学一类的顶尖院校）正在发展成为一种“极端精英主义”。伊格尔顿则指出，英国的教育是一种“为新资本主义服务的机制”。2017 年，英国保守党政治宣言曾写道：“当今英国最大的不公是，你的生活在很大程度上仍然不是由你的努力和才能决定的，而是由你来自哪里、你的父母是谁以及你就读的学校决定的。这是错误的。”

英国杂志《经济学人》曾指出，精英教育导致“英国由一个自私的集团统治”，他有利于“圈中人”，而不利于真正的人才竞争；奖励“自信”而非“专业”。近年来持续困扰英国的脱欧问题也与之相关。英国脱欧源自公投，脱欧支持者以不到 3% 的微弱优势决定了英国的重大命运转折。这被广泛地称为“草根”的胜利，他们因为反精英、反建制而不是反欧盟而支持脱欧。德国《明镜周刊》就指出，这个体系造就了数量惊人的政治家、军事英雄、诺贝尔奖得主、金牌得主和奥斯卡奖获得者，但它也加深和巩固了社会的不平等。例如，在伊顿公学，同时有 73 个学生来自“贫困”家庭和1200个学生来自富裕或极富有的家庭。在21世纪的英国，事实上最顶层和最底层之间的界限正变得越来越不可跨越。因此，有学者提出了更为极端的比喻——“教育的种族隔离”。“与20世纪50年代出生的祖父母相比，今天的孩子突破阶级和职业障碍的机会更少。”

传统精英教育重人文轻专业的价值理念，也会对人才竞争乃至科技创新产生不利影响。钻研学问从一开始就不是精英教育的中心所在。洛克曾宣称，对精英绅士来说，“学问最不重要”，应把重心放在钻研历史学与政治学上。而由于精英阶层占据了大量教育资源，大众教育更加残缺不全。时至今日，英国政府推广基本的数学教育、技能教育都十分困难。统计显示，英国教育的各项指数在进入21世纪的前10年不断下滑，因此，2011年英国政府开始推动基础教育改革，2013年新推出的中小学教育大纲强调推行所谓“全民精英教育”。英国教育部认为，出现这一状况的原因是教育忽略了对所学知识的“硬性掌握程度”。没有硬知识，就绝对无法成就各行各业，尤其是科技行业的精英人才，而这正是当时金融危机背景下英国政府最担忧的问题。以此为目的，此次改革的重头戏是该教育大纲作出具体规定，学生在每个关键教育阶段应该掌握的知识内容的硬性标准。例如，重点要求学生必须打好数学基础，掌握好历史知识。但直到2022年新一任保守党领袖苏纳克上台，由于缺乏足够的师资等资源配备，他

提出的有关英国青少年在 18 岁之前应接受足够的数学教育的主张被认为难以实现。

有人将当代英国政治的混乱归咎于精英教育，认为这套体系实际培养了一批“伪成人”，即“看起来比实际能力强得多的人”，他们的“自信高于专业”，也就是说，他们拥有占据要位的便利，而缺乏解决现实中英国国家发展实际问题的能力。近年来，从公学到大学，也在对精英教育进行调整。特蕾莎·梅首相执政期间，英国政府试图大力恢复文法学校，即英国公立的重点中学，英国众多私校也积极通过提供助学金甚至全额奖学金来扩招，牛津、剑桥大学则是逐步提升了公立学校生源比例。但从历史数据来看，这仍然是一个进展十分缓慢且有所反复的过程。20 世纪 20 年代末，两所大学约有 20% 的新生来自公立学校；30 年代后期，这一比例分别为 24% 和 19%；50 年代初，分别增至 43% 和 34%；60 年代初则有所回落，分别为 34% 和 27%；21 世纪初，这一比例逐步过半，最新的数据显示牛津大学和剑桥大学的公立学校生源占比已经分别达到了 67% 和 68%。正如著名教育学家伯顿·克拉克所分析的那样，当今的社会已是后工业化社会，其社会所需要的大学不仅意味着纯研究的产生和受过高等教育的精英再生产，而且是以知识为基础的社会在整个社会范围内都需要受过教育的人，尤其是综合素质与能力得以全面发展的人才。

公民教育与主流价值观维护

如果说精英教育对英国国家安全是一种长期的、渐进式的影响，进入 21 世纪的英国，教育与国家安全的联系则更加直接，更加表面化。英国政府在教育领域日益关注国家安全与身份认同，以及价值引领与青少年发展的逻辑关联等问题。通过加强对英国教育系统的工作指导，将维护英国主流价值观发展成为一项长期的政策措施。英国政府对主流价值观所面临的现实威胁与未来挑战抱有高度的警惕，其针对的“敌人”、反对的对象，与其对国家安全威胁与挑战的认知与判断密切相关，相关政策也不断调整，从反极端化到防止“反资本主义”再到维护所谓的“政治公正”，可以说，教育系统成为了英国政府捍卫主流价值观地位的“主战场”和“前沿阵地”。

1998 年，以专家伯纳德 · 科瑞克为首的“国家公民教育咨询团”发布了《科瑞克报告》，提出了两个核心问题，即英国民主发展需要具备何种价值观，如何通过良好的公民教育计划培育此种价值观，该报告使公民教育首次成为英国国家课程的主题。2002 年颁布的英国《教育法》第七十八条强调，公立学校必须积极承担促进学生“精神、道德、社会、文化”发展的义务要求，将其融入全面宽泛的课程中。教育必须直面青少年所面对的现实困惑和信仰危机，为维护英国的民主与社会融合发展培养合格公民。

英国政府在教育系统内推出系列强化价值观引领与监管的政策始于 2005 年。2005 年 7 月 7 日早高峰期间，在伦敦连环发生至少 7 起爆炸案，数个地铁站及多辆公交巴士爆炸，共造成 50 多人死亡，伤者逾百。而自杀式爆炸的袭击者均为少数族裔英国公民，由此引发了英国国内对多元文化融合失败的反思与讨论。此后不久，英国政府通过专门评审小组对整个英国中学课程中的宗教和种族差异性展开评审，并提出须在中学课程中强化国家认同感和英国核心价值观的要求，为此，英国教育部出台了一系列旨在在学校推广英国价值观的政策和举措。2007 年，英国教育与技能部开始在“认同与多样性”框架下针对学校课程进行新一轮审视并发布《课程检视：多样性与公民身份》报告，特别强调要将反恐行动与加强国家认同和英国价值观教育联系起来。

2011 年，英国政府将校园内防止激进化和极端主义的相关措施列入反恐战略“预防”计划，明确将教育、卫生和慈善机构等列入优先合作部门，依法要求所有学校课程须促进学生的精神、道德、社会和文化发展，促进社区凝聚力。教育部作为法定监管机构，对相关情况进行监督。政府明确表示，任何学校都不允许有极端分子存在，会以成立防止极端主义小组、对学校进行财务“尽职调查”以及审核学校赞助人资质等方式加强监管；确立教师等教育工作者道德和行为规范，对其进行相应的安全与警务培训，指导教职人员降低学生激进化风险。除中小学外，政府对大学和职业与继续教育学校中的反极端化管理也有明确的规定。

英国于 2012 年 9 月出台了《教师标准》，英国教育部从职业标准角度，强调教师应符合对其个人和职业行为的高标准要求，而教师在维护公众信任和秉持良好职业道德方面最重要的一点是“不能破坏英国基本价值观”。2013 年，出台《英国国家公民教育课程标准（关键阶段 3—4）》，进一步明确了公民教育以培养学生对民主、政府以及维护法律运行的强烈意识和理解为重要指向。

2014 年，英国伯明翰等地发生极端思想渗透到校园事件后，时任教育大臣迈克尔·戈夫发表声明称，学龄儿童都要在每年 9 月接受英国价值观的教育。同期，英国政府发布“关于在学校中推广英国价值观的指南”，旨在加强对中小学生精神、道德、社会和文化素质发展的指导，促进英国的基本价值观普及。强调所有人都有责任“积极促进”民主、法治、个人自由以及对不同信仰的相互尊重和宽容等英国基本价值观，学校必须通过它们的课程安排、学习策略以及丰富的活动来推广英国基本价值观。学校的教师必须宣传这些英国基本价值观，并接受政府教育部门的检查。

反极端化之外，英国政府在教育系统中维护主流价值观地位的另外一个重要举措是抑制“反资本主义”思潮的发展。

金融危机以来，“反资本主义”思潮在英国再次流行。近年来，英国国内的多项研究都关注到这一现象。2021 年，英国智库“经济事务研究所”对“千禧一代”和“Z 世代”的态度进行的民调研究显示，67% 的受访年轻人愿意生活在社会主义经济体系中，年轻人主要将“社会主义”与“工人”“公共”“平等”和“公平”等正面词汇联系在一起。75% 的年轻人赞同“气候变化是资本主义特有的问题”这一说法，71% 的年轻人认为资本主义助长种族主义，73% 的年轻人认为资本主义会助长自私、贪婪和物质主义，而社会主义制度会促进团结、同情与合作。78% 的年轻人将英国的住房危机归咎于资本主义保守党右翼智库。该项研究的结论称，“这确实表明资本主义的支持者应该比现在更认真地对待千禧年社会主义。他们应该将其视为挑战，而不是忽视它或否认它的存在”。2023 年 1 月，该智库还继续对这一问题进行了跟踪调研，从推动“黑命贵”“反灭绝”等社会运动的角度，对英国的反资本主义现象进行了新的分析，认为这些运动的组织者在将环保或反对种族主义等单一社会问题与反资本主义立场结合后，会争取精英意见的支持，激发更大的社会热情。

这一现象引发了保守派政治精英的高度警惕。他们不希望社会上一些人将经济和社会危机归咎于市场和资本主义，而是希望通过重振自由市场，捍卫资本主义主流价值观，化解危机。这种警惕不仅停留在意识上，也被他们积极付诸现实政治辩论与政策推广之中，而教育正是其中重要的施政领域。

2010 年，英国议会中成立了保守党议员团体——“自由企业小组”，该组织由英国前首相特拉斯创立，其成员均秉持撒切尔主义的自由市场理念，该组织后发展为“自由市场论坛”，二者与保守党右翼智库“经济事务研究所”关系密切。该组织的成立目的就是在金融危机后重建对自由市场资本主义的信心。特拉斯曾宣称，英国的保守派需要抵御“反市场的社会化浪潮”。特拉斯之外，在保守党政府中，前外交大臣拉布、前内政大臣帕特尔、前教育大臣威廉姆森等新保守党精英都来自这个小组。该组织认为，教育是提振英国人对自由市场的信心、使英国更具竞争力的关键领域。

英国教育部针对“反资本主义”的有关禁令就是在这样的背景下出台的。2020 年 9 月，英国教育部再推新规，明确规定教学活动不能采用“反资本主义”、论证“推翻资本主义”的内容，并将“反资本主义”归为“极端政治立场”，等同于反民主、反对言论自由、反犹太主义等；学校不得使用来自“反资本主义”团体的教学资料。

除反极端化与禁止“反资本主义”之外，英国政府还进一步关注学校教育中的“政治正确”问题。2022 年 2 月，英国教育部发布了“关于学校政治公正的指南”。明确英格兰学校在教授政治问题、使用校外机构和组织课外活动时的注意事项，以及具体机构和相关个人所需承担的法律责任。

英国政府相关政策发展表明，意识形态教育攸关英国国家安全。虽然在某一段时间内，出于移民政策、经济利益和文化优越性等因素，英国政府强调多元文化的包容性，但在教育体系中强化主流价值观和国家认同非但没有减弱，而是愈来愈重视，其工作重点与相关措施往往依据现实情况变化而不断调整。

教育国际化与“安全阀”

传统而言，教育部门是英国软实力与全球影响力的重要贡献者。而英国的教育国际化中的“安全风险管理”则是近年来一个新兴议题，在舆论塑造、立法推动与政策监管等多领域均有所体现。

英国的全球教育服务涵盖所有教育领域，包括早教、私立学校、继续教育和大学、高等教育、跨国教育、教育服务、教育技术和英语语言培训。

2011 年，英国教育出口价值 175 亿英镑。英国高等教育部门 18% 的学生来自国际，超过 25% 的教师来自欧盟以外的国家。英国是仅次于美国的第二大最受国际高等教育学生欢迎的留学目的地，占国际市场的 13%。2012 年排名全球前 100 的大学中有 17 所英国大学。英国教育机构培养了国际学生的英国文化、制度和历史“意识和尊重”，是“英国的规范和文化价值观”推广的重要组成部分。英国国际学校的报告显示，95% 的国际校友对英

国的态度“积极”。除了好感的培育，英国大学还是“塑造未来世界精英思想的中心”，留学生回国后可以成为英国的“大使”。

英国还是跨国教育的主要输出国，2011—2012 年，约有 57 万名接受高等教育的学生接受了英国的跨国教育。诺丁汉大学在马来西亚建校 10 年间，已有 60 多家英国教育机构与马来西亚同行建立了联系。据估计，大约有 4.8 万马来西亚人取得了英国的学历证书。英国还在许多国家设立奖学金项目，“建立了一个强大的国际朋友网，这些人将在未来担任有影响力的职位”。例如，英国外交部设立了向 118 个国家开放的志奋领奖学金以及针对美国公民的马歇尔奖学金，英联邦奖学金则是由国际发展部、英国国际学校和苏格兰地方政府提供给英联邦国家的申请人。志奋领奖学金已经形成了一个拥有 4.2 万名学生的“有影响力的校友网络”，校友遍布中国、埃及、印度、印度尼西亚、马来西亚、墨西哥、俄罗斯和韩国等。英联邦大学协会对英联邦奖学金校友的调查发现，有 45% 的受访者对所在国政府的具体政策领域产生影响，25% 的受访者担任过公职。2012 年对马歇尔奖学金校友的一项调查发现，18% 的受访者曾从政或担任公职。奖学金毕业生更愿意与英国保持联系，马歇尔奖学金调查的受访者中有 45% 曾向英国机构捐款或进行金融投资。2011 年，世界各地在任的国家元首中有 27 位曾在英国留学。

英联邦大学协会认为，研究是全球性的，与世界各地的研究人员建立强有力的联系对于维持英国在科研领域的全球影响力，增强英国教育部门的吸引力至关重要。英国研究理事会已经在中国、美国和印度设立了办事处。作为英国印度教育和研究计划的一部分，自 2011 年以来，英国已经与印度建立了 600 多个新的教育和研究伙伴关系。英国研究委员会称，《英国医学杂志》《柳叶刀》和《自然》等刊物对英国科学的声誉作出了贡献，虽然英国人口仅占世界人口的 1%，但英国提供了全球 3% 的研究资金，7.9% 的科学论文，全球引文的 11.8%。另外，英国还拥有经济活跃、思想活跃的商业决策者、领导者和广大的年轻人等有影响力的群体。

与这些传统的优势与认知不同的是，作为英国软实力与对外影响力的长期重要贡献者，英国的高等教育部门近年来越来越多地受到来自英美安全机构以及右翼政客、学者等的质疑与发难。对此，英国的高校、科研机构，乃至来自英国不同政党政客的看法不尽相同。

近年来，有关英国高等教育以及研究机构在国际合作与交流中面临所谓“安全问题”的炒作明显增多。2019年底，英国议会下议院外交事务委员会发布报告称，影响英国大学学术自由的风险日益增加。2020年10月，英国右翼智库亨利·杰克逊研究所发布研究报告，要求加大对英国大学敏感专业的知识产权窃取活动的刑事调查，甚至建立申请相关专业的中国留学生数据库并强化安全审查等。

随之而来的是相关风险预警、安全审查甚至是行政与司法干预。这其中，英国的大学是主要的被管理对象，英国议会、英国政府是主要的风险预警与安全管理者，主要手段包括安全风险预警、政策指南、立法规制与行政干预等。

例如，根据相关规定，2007年以来，非英籍研究生在英国大学选择与大规模杀伤性武器相关的专业都必须提出“学术技术批准计划”申请并接受审核。2020年10月，英国政府宣布扩大专业审查范围，对包括常规军事技术、人工智能、化学、物理、数学、计算机科学和工程等专业申请者都要进行单独审核。同期，英国政府还向大学发布了“安全指南”——《管理国际化中的风险与安全》。

2022 年 1 月 4 日，英国《国家安全与投资法》生效，大学成为被监管重点。英国政府已经就大学的相关收购发出了禁令，成为《国家安全与投资法》颁布后的首例。2022 年 7 月 20 日，英国商务大臣克沃腾以可能对英国国家安全构成安全风险为名，阻止中企无限愿景科技有限公司从曼彻斯特大学购买有关视觉传感技术知识产权。

2023 年 1 月 9 日，英国政府还专门发布《国家安全与投资法：高等教育与研究部门指南》，对大学和研究密集型企业做出了相关政策与法律解读。以可能引发国家安全风险为由，明确要求高等教育和研究密集型企业在有关先进材料、量子、人工智能、民用核、通信、计算机等敏感领域进行收购与国际合作及交流等活动时执行相关法律规定。英国国家基础设施保护中心和国家网络安全中心制定了有关如何与国际研究伙伴合作的安全指南。英国大学协会则针对机构应采取的注意事项和措施发布了进一步的指南，以防止对学术自由的恶意干扰。

值得注意的是，这其中的一些做法在英国国内也引发争议。2021 年 5 月 12 日，英国议会下议院以高等教育的言论自由受到威胁为名，推出了“高等教育（言论自由）法案”。该法案于

2022年6月13日和12月13日，分别在下议院和上议院获得通过，进入最后修订阶段。英国议会的文件显示，法案有9个实质性条款，涉及高等教育机构和学生会保护言论自由、学术自由的法律义务，负责监管英格兰的高等教育学生办公室的职能等，涵盖有关海外资金监管等诸多新举措。在此次立法过程中，有议员不断借机以“国家安全”的名义针对中国，干扰甚至阻挠中英之间正常的人文交流。例如，积极推动英国议会批准“高等教育（言论自由）法修正案”的议员、现英国议会下议院外交事务委员会主席卡恩斯，甚至在立法辩论中建议用曾经向英国外交部和情报部门提供语言培训的台湾机构替代孔子学院在英国高校开展汉语教学。在该项立法辩论中，有英国工党议员质疑用于证明新立法合理性的证据基础，担心该法案会保护仇恨言论和错误信息，并质疑为什么高等教育部门面临的其他问题没有得到类似的关注。还有明确反对该项立法的议员指出，这是右翼恶意控制英国自由精英及文化和教育机构的反智、反理性论调，甚至呼吁“所有正派的英国保守党人都应该担心美国共和主义对英国保守党的毒害，英国议会的议员们必须尽力减轻该法案可能对英国大学的全球声誉和地位造成的损害”。有议员还提出，英国智库“政策交流”等机构受美国右翼基金会资助，为该法案提供了所谓“立法依据”，此类英国智库应像大学一样，公开透明其外国资金来源。

参 考 文 献

1　［英］约翰·洛克著，杨汉麟译:《教育漫话》，人民教育出版社 2022 年版。

2　唐克军:《英国学校公民教育》，中国社会科学出版社 2021 年版。

3　易红郡:《英国教育的文化阐释》，华东师范大学出版社 2009 年版。

4　朱镜人:《英国教育思想之演进》，人民教育出版社 2014 年版。

5　杭聪:《帝国主义、社会控制和英属非洲的非殖民化教育》，《郑州航空工业管理学院学报（社会科学版）》2018 年第 10 期。

6　刘晨:《英国基本价值观教育：现实动因、政策演进与实践进路》，《比较教育研究》2022 年第 7 期。

7　梁君:《论洛克的政治精英教育》，《全球教育展望》2017 年第 6 期。

8　张睦楚:《精英教育的契机与危机——以牛津大学为例之理性探析》，《高等理科教育》2018 年第 1 期。

9　J. A. Mangan, "Benefits Bestowed? : Education and British Imperialism", 2014, Routledge.

10　"Eton and the Making of a Modern Elite", https://www.economist.com/.

11　"Britain's Elite-School Problem", https://www.spiegel.de/international/.

9

第九章

印度：以教育塑造国家认同

作为历史悠久的文明古国，印度拥有延续数千年的传统教育模式，在多元文化融合的漫长历史进程中形成了重视教育的传统，在宗教、文学、哲学、数学、天文等诸多领域留下了大量历史遗产。到了近代，英国殖民者为服务殖民统治需要，将英语教育体系引入印度，并逐渐同依托本土语言的印度传统教育相结合。独立后，印度政府在继承殖民地教育体系的同时，通过去殖民化的公民教育增强民众对印度多元世俗国家的认同感，服务维护国家安全与发展利益的现实需求。然而，受制于印度多元文化的特殊国情与殖民主义、教派冲突的历史包袱，印度以教育维护社会和谐稳定的尝试始终面临诸多挑战。语言、族群、教派引发的各类社会矛盾自独立以来不断冲击着教育理念。进入21世纪后，印度教民族主义的崛起更对印度宪法奉行的世俗价值观构成空前挑战，教育再次成为不同意识形态与政治理念争夺的焦点，给印度社会稳定与长远发展带来诸多不确定性因素。

去殖民化与国家构建

自 1757 年英国东印度公司通过普拉西战役夺取孟加拉地区到 1947 年印度独立，英国在印度维持了近 200 年的殖民统治，给印度社会打上了深深的殖民烙印。在殖民统治建立的初期，英国东印度公司专注于从殖民地攫取经济利益，在宗教与文化事务上奉行中立政策，对于印度教育事业并无兴趣。直到 19 世纪，殖民当局出于培养殖民地文官、维护统治的需要，才逐步将现代教育制度引入印度。1800 年，总督韦尔斯利在加尔各答建立威廉堡学院，为来自英国的殖民地文官提供包括梵语、波斯语、阿拉伯语、乌尔都语、孟加拉语等亚洲语言的培训。尽管学院并不招收印度学生，但学院聘请印度本土学者教授语言课程，促进了对印度本土语言与文献的整理研究，成为印度次大陆近代教育与学术研究的重要里程碑。

到了 1813 年，英国议会颁布东印度公司《特许状法案》，迫使东印度公司承担教育责任。该法案要求东印度公司每年提供 10 万卢比用于教育殖民地的“臣民”，促进文化与科学知识的传播，并允许传教士在殖民地开设英语教育机构。然而，在如何传播西方“科学知识”的问题上，殖民当局内部存在巨大争议。

一方面，以孟加拉总督沃伦·黑斯廷斯等殖民地官员以及教会为主的“东方派”主张重视利用印度的传统文化，通过展示英国对印度传统文化和本土语言的尊重同化印度知识精英，借本土语言改革印度传统教育，逐步将西方文明“嫁接”到印度。在“东方派”殖民官员与传教士的支持下，英国人在18世纪末至19世纪初建立了加尔各答梵文学院等一批教育机构，用于加强对印度本土语言和传统文化的整理和研究。这些机构带动了一批学者整理梵语、孟加拉语等本土语言的语法，并将印度古代经典翻译成英文，将印度传统文化系统介绍到西方世界，增进西方世界对印度文明的了解，同时也极大地促进了印度传统文化的发展。然而，印度传统文化只不过是征服者橱窗内陈列的珍贵战利品，英国人研究印度传统文化的目的仍然是巩固英国对次大陆的统治。“东方派”相信，保持印度与西方文明一定程度的隔绝能够确保印度社会的稳定，避免自由民主的进步思想传入殖民地，使印度人对大英帝国产生逆反心理。一些支持“东方派”的东印度公司董事甚至以美国独立作为经验教训，认为英国失去北美十三州殖民地的原因就是因为允许在那里建立传播先进思想的学校和学院，因此不应在印度做出“同样的蠢事”。

另一方面，以政治家、历史学家麦考莱为代表的“西化派”则反对这种通过发展印度传统教育、隔绝西方文明的方式维持殖民统治。在麦考莱看来，印度传统文化野蛮落后，应当通过在印度推行全面英语教育，向印度“灌输”西方先进的科学文化知识摧毁印度传统意识和价值观，以此在印度人当中培养亲英阶层，维持对次大陆的殖民统治。他曾经公开表示，英国应当像希腊“文明化”罗马、罗马“文明化”不列颠一样将印度“文明化”。相比于“东方派”，麦考莱等人的殖民主义和欧洲中心主义论调更为露骨。不过，两派的分歧只存在于对待印度文化的态度与殖民教育路径上，双方政策的出发点都是维持英国在印度次大陆的殖民统治。

到了 19 世纪 30 年代，“西化派”在这场旷日持久的论战中逐渐占据了上风。1834 年 6 月，麦考莱被英国政府委派至印度，出任公共教育委员会主席。次年 2 月，麦考莱在印度发布了影响深远的《教育备忘录》。该备忘录极力贬低了东方文明的价值，宣称“一座好的欧洲图书馆里的一个书架就抵得上印度和阿拉伯的全部本土文学”。基于此种价值观，麦考莱在该备忘录中建议殖民当局采取“渗透”方式，通过英语教育在印度上层培养一定人数的中间阶层。这些人“在血统和肤色上是印度人，但在品味、观点、道德和智识上是英国人”。简而言之，麦考莱的“渗透”方案旨在利用殖民教育培养少数了解西方文化、熟知印度事务，同时忠于大英帝国的“印度精英”，再借助他们统治人口众多的殖民地，以相对较低的成本实现统治利益的最大化。麦考莱的建议在功利主义大行其道的英国政府得到积极回应。1835 年，印度总督威廉·本廷克颁布《英语教育法案》，在一定程度上接受了麦考莱的《教育备忘录》的主张。该法案规定，英国政府的目标是在印度本地人中推广欧洲文化和科学，为此拨出的经费应当用于以英语为教学语言的教育机构。与此同时，为吸引更多印度人接受英语教育，殖民当局在 1837 年以英语取代莫卧儿帝国使用的波斯语作为印度的行政语言，1844 年又在公职人员招聘中出台优先录用会英语的印度人的政策，大幅刺激了印度英语教育的发展。

1854 年，英国东印度公司管理委员会主席查尔斯·伍德致函印度总督达尔豪西，就印度三级教育体系规划、教育经费使用等问题给出详细建议。这封日后被称为“伍德教育文告”的信函明确英语作为印度的大学与中学教学语言，同时在一定程度上修正“西化派”彻底放弃印度本土语言教育的激进主张，在初等教育中为印度语言保留一席之地。殖民当局接纳了“伍德教育文告”的建议，在英属印度所有省份设立教育部门与公立学校，并以伦敦大学的模式在加尔各答、孟买和马德拉斯（金奈）等大城市建立大学，为殖民地的官僚机构与公共服务培养人才。“伍德教育文告”成为奠定印度现代教育制度基础的纲领性文件，也在制度上确立了英语对印度本土语言的优势。英语成为殖民地的行政与高等教育使用的主要语言，本土语言虽然也被纳入到公立教育的课程范围之内，却只能停留在基础教育阶段，作为英语教育的过渡。对印度人而言，学好英语意味着能有机会获得更高的学历与更为体面的工作机会，本土语言及其背后所依托的传统文化因无法在就业升迁上发挥作用而难以获得平等的重视。

然而，历史在演进过程中总会脱离统治者事先设计的轨道。英语教育的推广的确培养出一大批忠于大英帝国的印度文官，帮助英国人维持殖民统治。但是，以英语为主要教学语言的西式教育在传播西方现代技术文明的同时，也将民主自由等先进思想传给了印度的精英阶层，促使后者开始对传统文化与自身地位进行反思。

以加尔各答印度学院和孟买埃尔芬斯通学院为代表的近代西式教育机构成为 19 世纪印度民族主义思想的发源地。加尔各答印度学院由印度教改革活动家罗姆・莫罕・罗易在英国人的支持下于 1817 年创立，被视为亚洲最早的近代高等学府。印度民族主义先驱、葡裔印度人亨利・狄罗吉奥在该学院教授英语文学和历史，将自由、平等、博爱的法国大革命思想传入印度，为孟加拉地区培养了一大批民族主义社会活动家与思想家。1855 年殖民当局为加强监管，将印度学院改为官方经营的加尔各答管区学院。随着近代教育的发展与社会观念的进步，管区学院又成为印度教哲学家辨喜、独立运动领袖苏巴斯・钱德拉・鲍斯、印度共和国首任总统拉金德拉・普拉萨德等一批思想家与政治家的母校。在孟买，1827 年由孟买商人资助创建的埃尔芬斯通学院成为印度西部民族主义的重要阵地。毕业自该校的瑙罗吉和伦纳德分别提出“财富外流论”和“工业振兴论”，认为英国的殖民掠夺经济是印度贫困落后的根源，呼吁通过发展民族工业使印度摆脱落后地位。两人在 1885 年参与创立了印度国大党，成为印度独立运动与民族主义思想的先驱。在此之后，该校又培养出印度独立运动领导人、国大党第二代领袖提拉克与郭克雷，成为 19 世纪末 20 世纪初亚洲民族觉醒的重要思想阵地。

在近代教育促成印度知识分子觉醒的同时，印度本土的宗教改革人士也致力于将印度本土语言纳入高等教育体系，创办了一批现代综合类大学，使民族主义思想与独立运动潮流深入到印度腹地。1875 年，印度思想家、教育家赛义德·艾哈迈德·汗在今印度北方邦的阿里格尔创立了穆罕默德-盎格鲁东方学院，致力于为英属印度穆斯林群体提供近代教育。该学院在 1920 年升级为阿里格尔穆斯林大学，成为南亚穆斯林民族主义与乌尔都语文学的中心，在印度和巴基斯坦的独立过程中发挥了重要作用。1916 年，国大党领导人、印度教大斋会创始人之一的马丹·莫罕·马拉维亚在印度教圣城瓦拉纳西创立了贝拿勒斯印度教大学。该校在提供现代科学教育的同时，促进了传统宗教文化与印地语文学的发展，在印度独立运动中发挥了重要作用。

到 1947 年印度独立前夕，印度已经拥有 19 所现代大学，高等教育水平在二战后独立的亚非国家中位居前列。英国殖民主义者精心设计的殖民教育体系不仅未能实现奴化教育目的，反而促成了印度知识精英的启蒙和民族解放运动的兴起。一方面，来自欧洲的自由民主等进步思想，特别是近代民族主义思想深入到接受西方教育的印度知识分子中，使印度作为独立现代国家的构想逐渐从理想愿景转变为运动实践。另一方面，英语殖民教育并没有如麦考莱等殖民主义者设想的那样彻底摧毁印度异常深厚的传统文化和本土语言，反而促进了传统宗教与本土语言的发展进步。现代教育与学术研究对印度古典文明的整理和发掘为印度国家认同提供精神源泉，印地语、孟加拉语、马拉提语等本土语言的发展同近代民族主义的结合使得民族解放思想以传统形式在大众当中广泛传播。殖民者带来的现代教育在发展过程中不自觉地起到了“去殖民化”教育的功效，催生了印度现代国家认同。

尽管如此，殖民教育仍然对印度带来持续的负面影响，挫伤印度的民族自信心。殖民者出于维持统治考虑，无意在基础教育上投入过多资源。到1947年独立前夕，印度的识字率仅为12%，数量惊人的文盲人口极大地阻碍了印度的国家发展与社会进步。更严重的是，麦考莱主义的“幽灵”直到21世纪仍然潜藏于印度的社会意识之中。正如“西化派”所设想的那样，英语始终是作为统治者的少数印度精英与被统治的普罗大众之间的屏障，是普罗大众进入政治、司法、商业、高等教育等“高级”领域需要逾越的一堵高墙。英语优于印度语言、西方文明优于印度文明的观念在一定程度上仍然存在。

教育重塑与民族认同

甘地曾说:“教育是唤醒国家良知的手段，使受教育者认识到社会秩序中根深蒂固的不公正、暴力和不平等。”然而，英国殖民者“分而治之”的策略造成了南亚次大陆印度教徒与穆斯林的空前对立，印巴分治引发的大规模教派仇杀使印度在独立初始就蒙上了暴力阴影。与此同时，传统印度社会高度分化的种姓隔阂给社会团结与国家发展带来挑战，不同地域族群之间的对立潜藏着分离主义与极端思潮。刚刚摆脱英国殖民统治的印度就在民族与国家认同建构上面临巨大挑战。

在宗教问题上，印度在国家身份与民族认同的构建上始终伴随着教派主义的挑战。作为“宗教博物馆”的印度既有本土诞生的印度教、佛教、耆那教、锡克教以及少数部落信仰的原始宗教，也有域外传入的伊斯兰教、基督教、犹太教和祆教（琐罗亚斯德教）。根据印度独立后的首次人口调查（1951 年），印度教徒在全印总人口的占比为 84.1%，伊斯兰教为 9.8%，基督教为 2.3%，锡克教为 1.89%。印度教占主体，多种宗教多元共生成为印度社会的一大特点。宗教生活始终在印度社会中扮演着重要角色，成为印度民族构建中不能忽视的重要元素。除了本土宗教，伊斯兰教、基督教、祆教等外来宗教也在漫长的历史传承中与印度社会环境相结合，成为印度本土文化的一部分。尽管如此，“分而治之”的殖民遗毒和巴基斯坦伊斯兰共和国从构想到实践的过程对印度教民族主义者产生了极大刺激。印巴分治之后印度教人口占多数的印度共和国是否要将印度教置于国家政治生活的主体地位，成为印度国家身份建构与民族认同的核心问题。

在南亚次大陆延续上千年的种姓制度，同样对印度社会的整合带来挑战。“种姓”（Caste）一词往往对应梵语中的“贾提”（Jati）和“瓦尔纳”（Verna）。贾提是个体出生后所从属的特定族群，同一贾提内部遵循一套特定的社会行为规则，并且根据本群体在社会等级制度中的地位与其他贾提互动。依照传统，个体只能与同一贾提的人结婚，并且在社会中从事相对固定的职业。印度的贾提大概有 2000 多种，但总体而言可被划分到四大瓦尔纳之中。依据印度教古代经典，四大瓦尔纳依照自上而下的等级被赋予特定的社会职能，依次为：掌管神权祭祀职能的婆罗门、负责军事与世俗行政的刹帝利、作为农民和商人的吠舍、从事工匠等低贱体力劳动的首陀罗。瓦尔纳越高种姓越“纯洁”，反之越“污秽”。除了四大瓦尔纳之外，还有理论上被排除在四大瓦尔纳之外的“贱民”群体。他们因从事垃圾清扫、火葬、制革等被印度教视为最“污秽”的职业而处于社会最底层，被称为“不可接触者”或“达利特”（被压迫者）。这五类群体遵循着等级森严、尊卑有序的社会组织方式，共同构成了传统印度的种姓社会。尽管印度自独立后在法律上废除了种姓制度，但高种姓对低种姓的歧视以及不同种姓间的隔阂依然在社会意识中普遍存在。即便是作为印度宪法主要起草者的安贝德卡尔，也会因自己出身达利特而被高种姓的政府雇员歧视。种姓制度带来的严重不平等与社会歧视，成为印度社会团结和国家进步的又一大阻碍。

对于上述问题，以尼赫鲁为首的国大党政府基于建立现代世俗国家的目标，逐渐形成“多元统一”的国家认同建构路径。作为人口数量庞大、地域广阔的发展中大国，印度既要尊重自身多元的宗教文化传统，将传统文化作为民族认同的重要元素，同时又要打破不同教派种姓地域之间的藩篱，构建超越族群与地域的国家认同。正如尼赫鲁所言，“要以教育为手段，将印度有贫富、种姓和宗教等差异的人们团结起来”。面对独立后纷繁复杂的民族主义和分离主义意识形态，国民认同教育成为多元印度塑造统一的国家认同的关键。

在宗教问题上，1950 年生效的印度宪法在第三部分“基本权利”中确立了国家对宗教保持中立的世俗原则。其中，宪法第二十五至二十八条确立了印度公民的宗教自由权，规定国家既不能干预个人的宗教信仰自由，宗教也不能在国家政治生活中起支配作用，印度应当成为多元宗教并存的世俗国家而非印度教国家。印度宪法第二十九条明确提出，由国家维持或接受国家财政补贴的教育机构不得根据宗教、族群、种姓、语言等理由拒绝任何公民入学。1976 年，印度又通过宪法第四十二修正案，将序言中对印度的描述从“主权、民主共和国”变为“主权、社会主义、世俗、民主共和国”，将世俗主义明确提升为国家的根本原则。为了在国民教育中贯彻世俗主义、抑制激进的民族主义与教派主义影响，印度自独立以来就在各类教育大纲中要求中小学传播民主、统一和爱国思想，将带有教派族群色彩的民族主义转变为爱国主义。1968 年印度颁布首部《国家教育政策》，明确要求通过课程改革实现印度不同族群和教派之间的统一和谐，消除宗教的荒谬、蒙昧、暴力、宿命论和迷信。1998 年修订版的《国家教育政策》又指出，印度处于文化多元社会，应当通过价值观教育减少蒙昧和宗教狂热。在历史教育上，国大党政府积极倡导进步史观，反思印巴分治历史教训，以马克思主义历史观改造英国殖民者编订的史学，形成了世俗民族主义史学。这类史学一方面强调印度文明在世界历史上的地位，树立历史自豪感和身份归属感；另一方面突出印度民族在反殖民斗争中的团结，淡化历史上的教派冲突，倡导多元共生的世俗社会。在对印度穆斯林历史的叙述上，马克思主义史学更多从经济、社会发展的角度叙事，将莫卧儿帝国等伊斯兰统治者融入到印度的历史发展主流中，突出伊斯兰教与南亚次大陆本土宗教文化的融合发展。在殖民历史上，世俗民族史学将包括1857年民族大起义在内的各类反英运动纳入到民族觉醒的叙事中，并淡化其中的教派主义冲突，构建跨宗教、跨族群的反殖民斗争历史。以公立学校广泛使用的印度国家教育研究与培训委员会编订教材为例，十年级教材《印度与当代世界》依次教授了欧洲民族主义的兴起历史和印度非暴力不合作运动，将印度独立运动同世界范围内的民族主义运动和反殖民历史结合，以反殖民叙事弱化教派主义等宗教因素，由此构建对印度现代国家的认同。除了历史教育，印度还通过政治、社会等课程培养多元文化的价值观，通过介绍不同宗教与地区之间的民俗差异，使学生了解并理解印度多元共存的社会情况，进而更好地理解世俗主义原则在维护公民权利、保障社会和谐上的积极意义。

在种姓问题上，印度宪法第十七条明确废除“不可接触者制度”，禁止对“贱民”采取任何形式的歧视和隔离政策。此外，为提升低种姓在社会上的弱势地位，印度还创造了“保留政策”，允许政府在议会席位、公共职位招聘和学校招生上依照人口比例为包括低种姓在内的社会弱势群体保留名额。此外，政府还为接受高等教育的低种姓学生提供免费教育、奖学金等优惠政策，以此提升低种姓学生的入学率。除了教育政策上的倾斜与扶植，印度政府也注重在教育内容上将消除种姓歧视作为公民道德教育的重要部分。例如，印度国家教育研究与培训委员会编订的政治学科教材《民主政治》将不同种姓和族群之间的平等视为国家文明进步的重要标志，通过比较南非的反种族隔离政策和甘地的反种姓歧视主张灌输社会进步理念；在介绍印度的选举制度时强调公平正义的理念，突出保留制度在维护弱势群体权益上的积极意义。此外，教材通过案例教学的方法，引导学生懂得尊重弱势群体利益、制止多数群体对少数群体霸凌，培养学生平等与友爱的价值观。

经过数十年的发展，印度通过教育塑造国家认同、弥合教派族群分歧的努力取得了一定成就。国民对印度国家的认同从朴素的民族情感上升到对民主制度和法律体系的接受与认同，法律意义上的公民身份取代宗教、种姓、文化等身份符号，成为印度国家认同的重要标识。但是，随着 20 世纪 80 年代以来印度教民族主义的兴起和国际环境的变化，教派主义对于印度宪法约定的世俗主义原则带来冲击。与此同时，种姓在政党政治环境下沦为动员工具，原本为弱势种姓提供保障的保留制度反而强化了种姓身份，带来新的社会问题。印度的国家认同在教派主义和种姓政治的冲击下面临新的困境。

随着国大党的影响力式微，印度人民党（以下简称印人党）逐渐步入印度政治舞台中央，印度的国家认同路径也在逐渐发生变化。奉行印度教民族主义的印人党在 20 世纪 90 年代后期执政后，开始有计划地从国家层面改造印度的国家认同。印人党主张以占据印度人口多数的印度教作为印度国家认同的核心要素，以此弥合印度教内部各种姓之间的隔阂对立，确立印度教在印度政治与社会生活中的主导地位，逐渐改变印度宪法约定的世俗主义原则。在教育领域，瓦杰帕伊领导的印人党联合政府在2001年对印度国家教育研究与培训委员会编订的教科书进行大幅修改，删去古代婆罗门食用牛肉（当代印度教忌食牛肉）等“伤害宗教感情”的内容，并在缺乏历史文献记载的情况下引入“考古发现”论证印度教大神罗摩与黑天在历史上的“真实存在”。除此之外，印人党及其母体组织国民志愿服务团组织右翼学者大力推广印度教民族主义历史观，认为马克思主义史学、殖民主义史学和伊斯兰宗教知识共同“毒化”了印度历史教育。为了“正本清源”，右翼学者编订的历史教科书将包括莫卧儿帝国在内的穆斯林统治者与英国殖民者并列为“侵略者”，同时积极宣扬国民志愿服务团在整合印度教社会上的“历史贡献”，打破甘地与尼赫鲁在印度独立运动中的主导地位。2006年印人党在大选中失利后，瓦杰帕伊政府修订的教科书一度遭到弃用，印度教民族主义在教育领域的影响有所减弱。

2014年，印人党在莫迪领导下再度赢取执政地位，为印度教民族主义的快速发展创造有利的政治环境。在教育领域，莫迪在上任伊始便任命右翼历史学者担任印度历史研究委员会主席，着手对印度历史教科书进行大力修改。在莫迪政府及国民志愿服务团的推动下，印度历史研究的重点再度转向对古代史诗进行“历史考证”。印人党执政邦政府编订的新版教科书在删减甘地、尼赫鲁等人事迹的同时，大幅提升印度教民族主义理论家萨瓦尔卡在印度独立运动中的历史地位。此外，教科书还将印度宪法之父安贝德卡尔描述为“印度教社会改革者”，删去其反种姓歧视、皈依佛教的历史事实，以此回避种姓歧视与“贱民”问题。在古代史上，教科书着力宣扬地方印度教王公对莫卧儿帝国的反抗，将莫卧儿帝国等穆斯林统治者排除在印度历史的正统叙事之外。

在印度教民族主义历史观教育的影响下，印度的国家认同开始发生重大改变。此前建立在宪法原则上、以世俗国家公民身份为代表的国家认同被宗教身份认同瓦解。尤其是在印度快速崛起的当下，基于传统价值观的宗教民族认同将随着印度民族自信心的膨胀而持续高涨。但与此同时，穆斯林、低种姓等少数群体在印度教民族主义的国家认同中处于严重弱势地位，加剧了族群对立与社会割裂。自莫迪执政以来，教派主义冲突与种姓矛盾丝毫未减，印度教民族主义狂热与此起彼伏的族群矛盾交织，对国家认同与社会和谐带来严峻挑战。

语言教育与多样性

语言是国家与民族建构的重要元素，统一的官方语言往往成为现代国家整合的必经之路。然而，印度多种文明碰撞的特殊历史造就了多语言的复杂环境。根据 1951 年人口普查，印度共有语言或方言 845 种，涵盖了印欧语系、达罗毗荼语系、南亚语系、汉藏语系和闪含语系。不同语系之间在语法结构和字母上存在较大差异，相互之间难以交流，使得印度构建统一官方语言的过程格外艰难。

早在独立运动时期，印度民族主义者就试图将次大陆使用人数最多的印地语作为未来印度的统一官方语言。在民族主义者的设想中，通行北印度的印地语使用与梵文相同的天城体字母书写，能够较好地承载印度古典文化符号，助力印度成为“一个国家、一种语言”的理想民族国家。与此同时，近代教育机构促成了印地语的语法与书写规范，民族主义的传播为印地语文学的丰富发展提供素材，使印地语在独立运动中发挥了唤醒民族意识、团结普通民众的关键作用。印度独立后，具有殖民符号的英语不再适合作为印度的统一官方语言，而带有反殖民意义的印地语成为印度“国语”的最佳选择。

然而，以印地语为“国语”的方案遭到了广大非印地语区和少数英语精英阶层的强烈反对。一方面，印地语在次大陆通用语中的历史不算悠久，在文学史上的成就确实难以与东部地区使用的孟加拉语和南部地区的泰米尔语匹敌。在印度联邦结构与选举政治的环境中，印地语的先天弱势成为地方政治精英利用语言问题与中央政府讨价还价的把柄。另一方面，印度英语精英担心印地语取代英语使印地语知识分子借国语地位在国家政治与公共生活中掌握话语权。出于自身利益，这些英语教育培养起来的政府文官与社会精英也悄悄地站在了印地语“国语”方案的对立面。

最终迫于各方压力，1950 年颁布的印度宪法在语言问题上放弃了“国语”的说法，而是改用“官方语言”表述。宪法第三百四十三条规定印度共和国的“官方语言应为使用天城体书写的印地语”，同时英语在宪法生效之日起的 15 年内仍然可以“用于联邦的官方事务”。此外，为满足各邦政府在行政命令中使用本邦语言的需求，1950 年宪法还允许各邦拥有自己的官方语言，在宪法附表 8 中将包括印地语在内的 14 种印度语言列为邦级官方语言。截至 2022 年，附表 8 所列语言已增至 22 种。印度由此形成了印地语、英语和地方语言并行的官方语言格局。

为实现 15 年之内用印地语取代英语的目标，尼赫鲁领导的国大党政府启动了一系列印地语推广计划，逐步在司法行政命令中使用标准印地语，并对印度中央公务员进行印地语培训，将印地语设置为中央公务员唯一的考试语言。为缓和各方在官方语言问题上的争议，中央政府还在 1955 年成立了专门的官方语言委员会，听取各方意见。然而，这些举动并没有在全印范围内迎来学习印地语的热潮，反而激化了央地矛盾。在使用泰米尔语等达罗毗荼语系的南印度地区，反印地语人士将中央政府推广印地语的做法称为“印地语帝国主义”，认为这些政策会使非印地语母语人士在公务员考试中处于劣势，从而剥夺他们的就业机会。部分激进政客甚至威胁称，如果中央坚持要用印地语取代英语作为唯一的全国官方语言，南印度四邦将寻求脱离印度联邦另立“达罗毗荼国”。最终，尼赫鲁出于维护国家统一与社会稳定的考量，被迫放弃了用印地语彻底取代英语的计划。1963 年，印度议会通过《官方语言法》，允许英语在 1965 年之后作为全国官方语言继续在各个领域使用。然而该法案的通过并未彻底平息南印度的反印地语运动。1964 年尼赫鲁去世后，南印度的地方政治势力担心继任的夏斯特里政府推翻尼赫鲁在语言问题上的妥协方案，开始酝酿更为激烈的反印地语运动。1965—1967 年，泰米尔纳德邦爆发了多起声势浩大的反政府抗议活动，部分地区甚至出现暴力骚乱，酿成人员伤亡。

迫于形势压力，国大党政府在 1967 年推动议会修订《官方语言法》，并在 1968 年通过《官方语言决议》，正式形成了印地语、英语和地方语言并行的“三语方案”。印地语作为全国官方语言仍需在全国各地推广，但是英语和印度宪法附表 8 列出的语言（含印地语）均可作为官方考试用语。此外，全印度的基础教育机构都必须开设印地语、英语以及其他印度语言的课程。印地语区的学生需要在印地语之外学习一门其他印度语言，而非印地语区的学生则必须在基础教育阶段修习印地语课程。

“三语方案”作为各方力量妥协的产物，有效缓和了央地矛盾，维护了印度社会稳定。一方面，该方案尊重了印度语言的多样性，在法律上明确了对地方语言的尊重与保护，保障非印地语区的公民参与公共事务、获得教育的公平权益，促进地方传统文化的发展，增进对印度联邦制度的认同。另一方面，该方案保留了印地语的全国官方语言地位，将印地语教育纳入到非印地语区的语言教育课程中，一定程度上实现了在全印推广印地语的目标。

实行“三语方案”之后，印地语在除了泰米尔纳德邦之外的地区均得到有效推广，使用人数大幅上升。根据统计数据，1961—2001 年，印地语使用人口占印度总人口的比重已从 30.37% 增长到 53.60%。使用人口比例的扩大固然受印地语区人口增速较快的影响，但印地语课程在非印地语区基础教育中的普及以及宝莱坞等印地语大众文化的传播，使印地语的影响力大幅扩展。不过，受制于印度落后的公立教育水平，“三语方案”在实际执行过程中大打折扣。师资力量的不足与地方民粹政治的兴起使非印地语区在印地语教育上的投入十分有限，而印地语区的公立学校同样难以招募到教授其他印度语言的教师。与此同时，印地语学者对印地语的过度梵语化改造，反而使官方钦定的“标准印地语”变得复杂艰涩，越来越脱离民众日常生活。更重要的是，英语在高等教育教学语言中的主导地位，大幅消减了学生学习印地语和其他印度语言的热情。尤其是20世纪90年代印度经济自由化改革之后，印度在英语教育上的相对优势催生了印度软件外包与信息服务产业蓬勃发展。无论母语是否为印地语，多数印度学生仍然将学好英语视作升学求职的金钥匙，从而忽视了对本土语言的学习。

不过，随着印度的崛起与民族自信心的提升，将印地语作为印度国语的呼声再度高涨。2014年莫迪执政后，印度政府在推广印地语上更为积极。将印地语作为印度统一的国语，始终是印人党的核心政治议程。莫迪就任伊始便要求政府内阁成员使用印地语或梵语宣誓就职，并在国际场合尽量使用印地语演讲，在中央政府主导的各领域重新启动印地语取代英语的进程。在教育方面，莫迪政府出台《2020年国家教育政策》，强化印地语在“三语方案”中的地位，要求中央政府管理的公立学校将印地语设为八年级至十年级的必修课，将学习包括印地语在内的传统语言视为去殖民化、增强民族自信的主要措施。此外，莫迪政府还在英语主导的高等教育领域，尤其是理工农医等专业技术领域推广印地语教学，积极扩展印地语的使用范围。

尽管莫迪政府推广印地语的势头正盛，但印度构建统一国语的道路仍然漫长。即便是奉行印度教民族主义、大力推动印地语的莫迪，也不得不在进入全国政治舞台前找辅导老师恶补英语。2017年上映的印度电影《起跑线》以幽默讽刺的方式展现了英语在印度社会中的特殊地位。说印地语的中产阶级在英语精英主导的富人区会被嘲笑，家长削尖脑袋也要让孩子进入英语授课的精英化私立学校，而非使用印地语等本土语言授课的公立学校。多语言的印度能否以印地语实现“书同文”，能否在国内公共领域实现“去英语化”，以目前的情况看仍是未知。

教育是培养国民意识、塑造民族认同的重要途径，与国家安全和社会稳定息息相关。印度继承了深厚的文明古国传统，同时又深受英国长期殖民影响，在教育塑造国家认同的过程中面临两难境地。国家认同的建立离不开共同的历史与民族心理，民族主义的教育导向固然有助于弘扬传统文化、激发民族自信心。但是，对印度教一元身份认同的执着追求冲击多宗教多语言的社会环境，激化族群社会矛盾，甚至造成现代国家理念的退步。与此同时，作为后发国家的印度在逐渐靠近世界舞台中央的过程中，似乎难以在英语殖民遗产的现实利益和去殖民国语认同之间找到恰当的平衡点。对于发展中国家而言，如何利用教育塑造统一国家认同、维护多元社会的和谐共生，从而更好地维护国家安全与社会团结，值得不断地探索与思考。

参 考 文 献

1 托马斯·巴宾顿·麦考莱:《教育备忘录》,1835年2月2日,http://www.columbia.edu/itc/mealac/pritchett/00generallinks/macaulay/txt_minute_education_1835.html。

2 Santosh Mahapatra,Sunita Mishra, "Articulating Identities the Role of English Language Education in Indian Universities", Teaching in Higher Education, Vol. 24, No.3, pp.346-360.

3 Christophe Jaffrelot, Pradyumna Jairam, "BJP Has Been Effective in Transmitting Its Version of Indian History to Next Generation of Learners", Indian Express, Nov. 16, 2019.

4 林承节:《殖民统治时期的印度史》,北京大学出版社2004年版。

5 姜景奎、贾岩:《印地语优先:印度的语言结构正在发生重大变化》,《世界知识》2018年第1期。

6 张忞煜:《去殖民化,印度总理莫迪的"政治软饮"》,《世界知识》2023年第1期。

7 宋丽萍:《印度独立以来历史教科书问题与教、俗之争》,《世界历史》2005年第6期。

8 胡可怡、曹德军:《政治动员视角下的印度人民党"藏红花化"教育政策》,《南亚东南亚研究》2022年第4期。

10

第十章

建设教育强国 服务民族复兴

2021年9月14日，习近平总书记在陕西榆林考察时指出，中华文明源远流长、绵延不断，基础在教育。实现中华民族伟大复兴，基础在教育。我们办教育，就是要提高人民综合素质，促进人的全面发展，提升社会文明程度，坚定文化自信，增强全民族创造活力。尊师重教是中华民族的传统美德。从春秋战国孔子有教无类广收弟子三千，到封建王朝以知识作为选人尺度的科举制度的确立，从近代积贫积弱时期“教育救国”主张的盛行，到当代改革开放科教兴国战略的提出，中华文明在历史关口的每一次重要转折，都可以清晰看到教育的引领性作用。如今，我们又一次走到了民族复兴、大国崛起的关键节点，教育在保障国家安全、服务民族复兴中的战略性、基础性作用愈发凸显。

不忘初心 坚持教育优先发展

2018 年 12 月 3 日，第 73 届联合国大会第 44 次全体会议通过决议，将每年 1 月 24 日定为国际教育日。教育作为一项基本人权、人人可享受的公共产品及政府必须承担的公共责任的理念深入人心。

于个人而言，知识改变命运，教育成就未来，教育促进了人生价值和幸福感。教育不但为每个人提供了学习知识、掌握专业技能和谋生手段的机会，而且在塑造个人世界观、人生观和价值观，提升个人修养和品德上发挥着不可替代的作用。教育能唤起个人潜能，开辟人性成长道路，指引人生发展方向，为内心的丰富和幸福奠定基础。于国家而言，教育兴则国家兴，教育强则国家强，教育决定着国家和民族的未来，是实现可持续发展的关键。教育铸就了一国文明荣耀，谱写了民族历史记忆，关乎着综合国力的强弱和国家安全的消长。联合国《2030 年可持续发展议程》确认，教育对于成功实现 17 个目标至关重要。

正基于此，坚持教育优先发展，加快建设教育强国成为中国共产党的迫切任务和行动自觉。迫切来源于责任，责任受驱于使命，使命根植于初心。作为中国人民和中华民族的先锋队，习近平总书记指出："中国共产党一经诞生，就把为中国人民谋幸福、为中华民族谋复兴确立为自己的初心使命。"正是这种对初心使命的矢志坚守推动了建国后中国教育的跨越式发展，推动了中国建成世界上规模最大的教育体系，让文盲率急剧下降，让"工程师红利"成为拉动中国经济增长与创新的重要力量。

坚持教育优先发展，是中国改革开放40多年来得出的客观总结和宝贵经验。教育历史性跨越形成的深厚土壤，为中国的发展和崛起提供着源源不断的滋养，科技之花争芳斗艳，人才之树硕果累累。中国一跃成为世界第二大经济体，与第一大经济体美国的差距不断拉近，人均产出站在了高收入国家的门槛。"蛟龙"下海、"嫦娥"探月、"天宫"横空、"神舟"飞天、"墨子"传信、"天眼"问世、"北斗"组网、高铁奔驰、超算发威、大飞机首飞、港珠澳大桥建成……一系列具有自主知识产权的重大科技突破和工程奇迹的背后，离不开中国教育带来的智力支撑——中国年均培养6万多名博士和65万多名硕士，热点论文数量世界第一，国际专利申请量世界第一，国家综合创新能力上升至全球第11位……

教育对中国社会主义现代化事业的推动不止于科技：文化领域，社会主义核心价值观得到广泛弘扬，中华优秀传统文化得以传承光大，一部部制作精良的国产电视剧风靡海外；体育赛场，一面面五星红旗的频频升起和运动健儿的矫健身姿宣告着“东亚病夫”时代的一去不返，彰显着新一代中国人的自信与成功。进入新时代，中国从一个传统的留学派出国华丽转身，已成为世界第三、亚洲第一大留学目的地国，有196个国家和地区近50万国际留学生赴华求学，1000多所大中院校为其提供求知之所。快速发展的中国教育不但助力了中国文化的传播和国际影响力的提升，而且对世界各国的繁荣进步作出了日益重要的贡献。

同时，教育对国家安全的保障作用也日益凸显。“落后就要挨打”是中华民族百年沉沦换来的惨痛教训，教育的不足和缺失使得国家在政治、经济、军事、科技等领域出现严重危机。正是对这段屈辱历史的铭记，激励无数有志青年前仆后继，共赴国难，推翻了帝国主义、封建主义和官僚资本主义三座大山，在半殖民地半封建的废墟上建成了独立民主的社会主义政权；40多年前，面对发展落后的困局，刚刚复出的邓小平同志主持召开科学和教育工作座谈会，恢复高考、放宽高等教育入学门槛的决定点燃了人们对改革开放的热望，吹响了求新求变的时代春风号角，中国的综合国力开始稳步攀升，经过一代人的奋斗，终于避免了被“开除球籍”的危险，为社会主义现代化建设迈入新征程奠定了坚实的基础。进入新时代，高水平教育更是助推了高水平的国家安全。2014年习近平总书记主持召开中央国家安全委员会第一次全体会议并发表重要讲话，提出坚持总体国家安全观，走出一条中国特色国家安全道路。教育虽未被明确列入，但事实上与政治、经济、军事、文化、科技、信息等每项安全都息息相关。国家安全教育被提到一个空前高度，不但被写入教科书，进入大中小学课堂，而且逐渐成为一种全民共识。从 2016 年起，每年 4 月 15 日被设立为全民国家安全教育日，12339 国家安全热线电话成为公众自觉履行维护国家安全义务的重要渠道。

百年大计，教育为本。坚持教育优先发展为国家发展积蓄了元气，为国家安全奠定了根基，成就了既往的快速崛起，也必将照亮民族复兴的前路。在全面建成小康社会这一中华民族孜孜以求的千年梦想，实现第一个百年奋斗目标后，中国正迈入建成社会主义现代化强国，达成第二个百年奋斗目标的光荣远征。不忘初心，坚持教育优先发展，仍将是我们披荆斩棘、乘风破浪的法宝，也是中国共产党不忘初心、牢记使命的自觉行动。

坚持教育优先发展，是我们秉承新发展理念，满足人民群众对美好生活向往的必然要求。坚持创新、协调、绿色、开放、共享的新发展理念是新时代坚持和发展中国特色社会主义的基本方略之一，已广泛应用到经济社会发展各个方面，有力指导了我国新的发展实践。新发展理念的战略性、纲领性和引领性决定了我国必然走上高质量发展道路，更加注重提高创新能力，减少贫富差距和城乡差距，改善民生福祉，增强国际竞争力，而教育正是推动创新、促进社会公平、提高居民收入的最有效手段。这意味着践行新发展理念，就必须推动教育优先发展，推动新时代中国教育走上高质量发展道路，从而更好服务我国新的发展实践。

坚持教育优先发展，是我们进入新发展阶段，迎接风高浪急甚至惊涛骇浪重大考验的有效准备。党的二十大报告指出，世界百年未有之大变局加速演进，我国发展进入战略机遇和风险挑战并存、不确定难预料因素增多的时期，各种“黑天鹅”“灰犀牛”事件随时可能发生。“打铁必需自身硬”，面对随时可能升级的外部打压遏制，我们想要居安思危、化危为机，客观上需要我们坚定理想信念和“四个自信”，加强意识形态教育抵御“颜色革命”威胁，加强国家安全教育提升保障国家安全的意识和能力。如此，我们才能“不管风吹浪打，胜似闲庭信步”，确保中华民族伟大复兴的历史进程不被外力中断。

坚持教育优先发展是我们构建新发展格局，获取战略主动的有力手段。党的十九届五中全会明确提出，加快构建以国内大循环为主体、国内国际双循环相互促进的新发展格局。新发展格局以内为主、以外促内，从而实现内外联动。这要求我们把提高生产力水平、推动科技进步、有效扩大内需作为经济工作中心，依靠激发自身发展动能实现更高水平的国际参与。因此，首先就是要不断加大对教育事业的投入，继续坚持教育优先发展，以“苦炼内功”化解西方“卡脖子”威胁，以自主创新抓住新一轮科技革命带来的历史性、战略性机遇，建设更加市场化、法治化、制度化的国内环境，从而增强我国发展底气，在高水平对外开放中塑造以我为主的战略优势。

新时代赋予了中国教育前所未有的新机遇，也带来前所未有的新挑战。在我们进入新发展阶段、贯彻新发展理念、构建新发展格局的过程中，必须始终坚持教育优先发展不动摇，这既是历史的镜鉴、时代的要求，也是以习近平同志为核心的党中央的初心所在、使命所系。我们从教育大国走向教育强国的过程，也是我们实现中华民族伟大复兴的中国梦的征程。

博采众长 办好人民满意的教育

文明因交流而多彩，因互鉴而丰富。教育因开放而与时俱进，因包容而充满活力。闭关锁国是保守和愚昧的土壤，闭门造车是落后和僵化的根源。回顾历史，公元前人类“轴心时代”的文明光辉之所以照耀千古影响至今，教育的大范围拓展推动了各学派思想的激烈交流碰撞功不可没；欧洲第一批大学的出现成为滋养文艺复兴和科学革命的温床，塑造了现代西方文明的基本形状。纵观世界，教育国际化程度与一国科研实力和全球影响力密切相关，留学教育大国无一不是经济大国、科技强国。过去 20 年间国际学生数量增长了两倍，无论是主要留学生源国中国、印度，还是主要留学接收国美国、英国，都从这股留学热潮中受益匪浅。因此，想要办好人民满意的教育，就不能固步自封、夜郎自大，必须要以开放包容的心态博采众长、吐故纳新。

谦虚使人进步，骄傲使人落后。以史为鉴，当乾隆皇帝在1793年接见英国马戛尔尼使团时，面对英国带来的工业革命先进成果不屑一顾，反而以“天朝自有天朝礼法，与尔各不相同”为借口拒绝交流，这种自大注定了40多年后“天朝上国”的迷梦会被殖民者的炮舰敲得粉碎。几乎同时起步的清朝洋务运动和日本明治维新，之所以一败一成，其关键就在于对教育的重视程度不同。洋务运动强调“师夷长技以制夷”，看重实用而轻视基础，设立的新式学校寥寥，且侧重培养翻译和技术人才；明治维新则明确提出“殖产兴业、富国强兵、文明开化”并进，展现出向西方全面学习、培养新式人才的决心。1872年日本开始实施义务教育，仅比英国晚2年，比法国早10年，比美国早46年。到甲午战争前夕，日本已建立起广泛的高等专业学校；在清朝巨额赔款的支持下，日本到1912年几乎完全消灭了文盲，而此时刚经历辛亥革命的中国依然在黑暗中摸索。

历史教训惨痛，后人尤要深思。事实上，新中国教育事业的历史性跨越，同样不是闭门造车、墨守成规的结果，也在不断与时俱进、吐故纳新。随着新中国“一边倒”外交方针的确立，国内很快掀起全面学习苏联教育的高潮。1949年12月的第一次全国教育工作会议明确提出，建设新教育特别要借助苏联教育建设的先进经验。国内组织力量翻译了很多苏联教育的理论著作和教材，大量苏联专家赴华担任顾问和教师。以苏联大学体制为模板，我国在 1952 年推动了大规模的院系调整，中国人民大学和哈尔滨工业大学成为样板。然而，“以苏为师”虽然带动了我国教育事业的快速发展，但也暴露出不少问题。改革开放后，中国教育又找到了新的学习对象，美欧等西方国家的教育理念和学科内容开始引入中国，素质教育受到提倡，高校办学自主权扩大，大量留学生走向世界，国际教育合作蓬勃兴起。1998 年高校扩招和部属高校调整撤并、2014 年高考改革、2015 年“双一流”建设方案的提出，显示中国教育在兼收并蓄苏联经验和欧美模式，探索完善中国特色社会主义教育道路上的不懈努力。

三人行，则必有我师。综观寰宇列国，其教育各具特色，各有所长。美国教育强调崇尚自由，鼓励创新，强调个性；英国教育尊重传统，重视规则，侧重精英培养；俄罗斯教育突出爱国主义，推崇尚武精神；日本教育讲究集体主义，注重防灾教育和实践能力；印度教育在包容多样性基础上努力推动去殖民化，塑造民族与国家认同。中国要想博采众长，办好人民满意的教育，必须要正视他国，“择其善者而从之，其不善者而改之”，更要审视自己，“见贤思齐焉，见不贤而内自省也”，如此才能不断改进我们的教育，“苟日新，日日新，又日新”。同时，我们要认识到，这些国家教育特点的形成既是对各自发展实践的经验总结，也不乏本国文化传统和历史、地理因素的影响。在对外借鉴中，中国教育既不能走生搬硬套、盲目模仿的机械教条之路，也不能走浅尝辄止、因噎废食的保守封闭之路，既要有壮士断腕、刀刃向内的自我革命精神，也要有因地制宜、随机应变的活学活用能力。

博采众长，必须坚持正确的价值导向。培养什么人、怎样培养人、为谁培养人是教育的根本问题。中国教育的目的是培养德智体美劳全面发展的社会主义建设者和接班人，而不是像一些国家在制度设计之初就侧重于为某一特定阶级或群体服务。中国地域广大、人口众多，东中西部之间、城市与乡村之间经济发展水平不一，风土人情各异，舶来经验是否具备普适性需要仔细验证。因此，在将他国教育经验引入相关教学实践时，我们首先要端正立场，不能舍本逐末、忘记初心；其次既要勇于改革创新，也要严格科学论证，防止出现南橘北枳、水土不服的情况。

博采众长是为了办好人民满意的教育，而人民满意的教育必定是高质量的教育。无论是教育助力全球称霸的美国，还是教育立国的日本、主张精英教育的英国，列国经验得失为中国提供了有益镜鉴。

要重视教师的作用。2016 年 12 月 7 日，习近平总书记在全国高校思想政治工作会议上强调：“教师是人类灵魂的工程师，承担着神圣使命。传道者自己首先要明道、信道。”师者，传道授业解惑者也。教师在对学生坚定理想、传授知识、启迪智慧、陶冶情操、塑造人格等方面发挥着不可替代的作用。古代中国推崇“天地君亲师”，将教师与天地、君王和父母等量齐观；近代“教育学之父”捷克教育家夸美纽斯把教师赞为“太阳底下最光辉的职业”；现代社会往往用“园丁”“春蚕”“蜡炬”等歌颂教师的奉献。著名科幻小说作家刘慈欣在他的小说《乡村教师》中借外星人之口对教师与文明的关系进行了这样的描述：人类这种没有记忆遗传功能、交流只能依靠每秒传递 1—10 比特信息的声波的物种，在如此低效的知识传递方式下却创造出伟大的文明，靠的是一种在两代生命体之间充当知识传递媒介的个体——教师。当前，全面贯彻党的教育方针，落实立德树人根本任务，第一关就在教师。教师要首先有理想信念，精干内行，才能做到习近平总书记所要求的，“做学生锤炼品格的引路人，做学生学习知识的引路人，做学生创新思维的引路人，做学生奉献祖国的引路人”。

要重视教育公平。习近平总书记强调，坚持教育公益性原则，把教育公平作为国家基本教育政策。教育在任何时候都是社会各阶层向上流动的最基本条件，教育公平是社会公平的基础。古今中外，垄断受教育的权利易引发社会矛盾和对立。中国两汉魏晋时期的门阀世家、欧洲中世纪的天主教僧侣、日本平安时代的贵族阶层，都曾凭借对教育和知识的垄断横行一时。因此，有学者提出，共同富裕的根本是教育资源均等化，尤其要保证义务教育的公平性，拉平区域差距、城乡差距，消除资源配置的不均等，为每个人都提供平等的受教育机会。教育是民生之首，在重视教育的东亚儒家文化圈，教育公平不仅事关国民素质提升和国家发展前景，更是关乎政治安全和社会稳定的大事。明初的南北榜之争深刻影响了明清两代科举格局和权力斗争，近邻韩国近年来政坛屡屡地震多因高官为子女升学舞弊引发。从这个角度来说，办好人民满意的教育，本身就是推动社会公平正义的重要手段，本身就是在有力保障国家安全。

要重视国家安全意识在教育领域的推广普及。习近平总书记在二十大报告中指出，“全面加强国家安全教育，提高各级领导干部统筹发展和安全能力，增强全民国家安全意识和素养，筑牢国家安全人民防线”。发展是帆，安全是锚。无帆不行，无锚不稳。长期以来，我国教育偏重于对知识的传授和市场经济的配合，忧患意识、底线思维之弦未能绷紧，反映在学科设置上，就是大量基础性、战略性学科被称为“天坑”专业，难以吸引学生就读，导致人才储备和研究水平落后于世界；反映在舆论生态上，就是历史虚无主义、享乐主义、极端个人主义盛行校园和网络，缺乏吃苦和奉献精神，视外国绿卡、移民为人生追求；反映在内部安防上，就是境外情治机构加大对我国校园渗透力度，勾连策反学生或教职人员窃取敏感情报。中国学者胡平在其所著的《情报日本》一书中回顾了明治维新以来日本对情报战的充分利用，慨叹了当代日本学者对华研究的功力之深。国家安全并不是电视屏幕上遥远年代的谍战剧，而是与每个人都息息相关。新时代的国家安全教育，就是要引导青少年“扣好人生第一粒扣子”，树牢国家安全意识屏障。

“冷眼向洋看世界，热风吹雨洒江天。”中国正在深度融入世界，中国教育也在开放中吐故纳新，不断迎来新的发展。随着我国社会主要矛盾从人民日益增长的物质文化需要同落后的社会生产之间的矛盾转变为人民日益增长的美好生活需要和不平衡不充分的发展之间的矛盾，办好人民满意的教育对我们能力的要求也正不断提高。“博观而约取，厚积而薄发”，中国教育决不能停下开放和学习的脚步，但也必须筑牢国家安全意识的防线。

继往开来 聚天下英才而用之

“雄关漫道真如铁，而今迈步从头越。”随着中国迈入新发展阶段，着力构建新发展格局和与之相适的新安全格局，教育正被赋予更高的要求、更大的责任和更丰富的内涵。党的二十大报告首次将“实施科教兴国战略，强化现代化建设人才支撑”作为专章出现，将教育从社会建设与民生领域单列出来，且排在法治、文化、军事、外交等章节之前，充分显示了教育在推动中国式现代化建设中的核心定位和基础性作用。二十大报告指出，“教育、科技、人才是全面建设社会主义现代化国家的基础性、战略性支撑……我们要坚持教育优先发展、科技自立自强、人才引领驱动，加快建设教育强国、科技强国、人才强国，坚持为党育人、为国育才，全面提高人才自主培养质量，着力造就拔尖创新人才，聚天下英才而用之”。

十年树木，百年树人。培养人才是教育的根本任务。2021 年 4 月 19 日，习近平总书记在清华大学考察时强调，“中国教育是能够培养出大师来的，我们要有这个自信”。进入新时代的中国，内外发展环境正在发生深刻而急剧的转变，处于中华民族伟大复兴大局和世界百年未有之大变局相互交织的重要历史关口，进入战略机遇和风险挑战并存、“黑天鹅”和“灰犀牛”风险频出的时期。这一时期，面对外部随时升级的遏制打压和新一轮科技革命和产业变革带来的历史机遇，对复合型、领军型和颠覆性创新型人才的需求空前高涨，这对中国教育培养人才的能力和速度提出更高要求。要想聚天下英才而用之，就必须始终坚持并不断丰富发展中国的教育事业，加快推进教育现代化，建设教育强国。

建设教育强国，必须坚持党对教育事业的全面领导。2018 年 9 月 10 日，习近平总书记在全国教育大会上发表重要讲话，强调加强党对教育工作的全面领导，是办好教育的根本保证。教育部门和各级各类学校的党组织要增强“四个意识”、坚定“四个自信”，坚定不移维护党中央权威和集中统一领导，自觉在政治立场、政治方向、政治原则、政治道路上同党中央保持高度一致。党政军民学，东西南北中，党是领导一切的。教育是国之大计，党之大计，事关民族复兴和国家安全方方面面，必须加强政治引领，毫不动摇地坚持党的领导，高举习近平新时代中国特色社会主义思想的伟大旗帜，深刻领会“两个确立”的决定性意义，做到“两个维护”，全面贯彻总体国家安全观，及时把党的重大理论创新成果写入教材、融入课程、推向课堂，做到入脑入心、真学真信、慎思笃行。

建设教育强国，必须坚持把立德树人作为根本任务。习近平总书记强调，“要把立德树人的成效作为检验学校一切工作的根本标准，真正做到以文化人、以德育人，不断提高学生思想水平、政治觉悟、道德品质、文化素养，做到明大德、守公德、严私德”。育人之本，在于立德铸魂。新时代，中国教育应该上好这样的思政课，引导学生坚定理想信念、树立高远志向、厚植爱国主义情怀、铸牢中华民族共同体意识、加强品德修养、增长知识见识、具备世界眼光、培养奋斗精神和斗争意志、增强综合素质，把共产志、爱国情、公德心自觉融入中华民族伟大复兴的奋斗之中。

建设教育强国，必须坚持深化教育改革创新。习近平总书记指出，要深化办学体制和教育管理改革，充分激发教育事业发展生机活力。改革创新是时代发展的不竭动力。中国教育 70 多年来波澜壮阔的发展历程，正是中国教育革故鼎新、破冰前行的一个里程碑式的成就。党的二十大报告提出要深化教育领域综合改革，加强教材建设和管理，完善学校管理和教育评价体系，健全学校家庭社会育人机制，为未来中国教育改革议程指明了方向。扭转不科学的教育评价导向是当务之急，要坚决克服唯分数、唯升学、唯文凭、唯论文、唯帽子的顽瘴痼疾，在保障教育公平的基础上，探索科学系统、多元兼容的评价体系，引导资源流向素质教育、基础研究和教学实践，改变部分领域存在的急功近利、弄虚作假的不良风气。

推动教育的数字化、智能化转型应成为中长期教育改革创新的重点。习近平总书记在 2015 年致国际教育信息化大会的贺信中指出:“因应信息技术的发展，推动教育变革和创新，构建网络化、数字化、个性化、终身化的教育体系，建设‘人人皆学、处处能学、时时可学’的学习型社会，培养大批创新人才，是人类共同面临的重大课题。”新冠疫情加速了这一趋势，元宇宙和人工智能技术的突破为教育创新打开了新的想象空间。未来，在大数据、云计算、虚拟现实、元宇宙、人工智能等技术的推动下，整个教育体系有望迎来颠覆性改变，机遇与挑战并存。机遇在于，借助数字技术，高质量教育成果有望在更大范围得到分享，长期存在的区域、城乡教育资源分配不均问题可得到改善。

元宇宙等技术有望推动沉浸式学习模式，极大节省教育成本。但新的挑战也迫在眉睫，需要我们迅速行动起来，应对技术带来的“创造性毁灭”。时下热议的ChatGPT在自主学习和文本生成方面的强大优势正把以知识传授为主的传统教育模式逼入死角。在人工智能面前，传统的教师作用、教学内容、学习方式都在经受冲击。如何趋利避害，调整教育模式以适应不断进步的技术挑战是每一个国家教育决策者和工作者亟待解决的课题。中国教育必须为技术进步带来的变化留出充足的试错空间和操作余地，持续推动改革创新，抓住时代赋予的战略机遇，为中国式现代化建设贡献源源不断的英才智士。

建设教育强国，对青年人的教育是重中之重。习近平总书记用两个比喻阐明了青年人在他心中的分量——“青年犹如大地上茁壮成长的小树，总有一天会长成参天大树，撑起一片天。青年又如初升的朝阳，不断积聚着能量，总有一刻会把光和热洒满大地。党和国家的希望寄托在青年身上！”青年人的教育是国家的基石，青年人才是国家战略人才力量的源头活水。有统计表明，20—30岁往往是一个科研人员最具创造力的阶段。牛顿在23岁发现万有引力，爱因斯坦在26岁宣布狭义相对论，海森堡在23岁提出量子力学矩阵力学理论，图灵在24岁发表奠定计算机和人工智能基础的论文……这些科学巨匠的首次创造高峰，无一不是在青年时期。少年智则国智，少年强则国强，重视青年、关爱青年、引领青年，是中国共产党的优良传统和一贯主张。

中国教育的主体是青年人，如何能更大程度提升青年人的学习能力、激发其创新精神，是中国教育面临的重要课题。随着人口老龄化趋势加剧，青年人口占比相对缩小，“佛系”“躺平”等论调盛行，这一课题正变得愈发急迫和现实。对以“Z 世代”为代表的新一代中国青年，全社会要善于倾听，尊重其主体地位，努力为其创造更多展示才能的舞台，加强思想引领和国情教育。2022 年 4 月 25 日，习近平总书记在中国人民大学考察时，勉励广大青年“用脚步丈量祖国大地，用眼睛发现中国精神，用耳朵倾听人民呼声，用内心感应时代脉搏，把对祖国血浓于水、与人民同呼吸共命运的情感贯穿学业全过程、融汇在事业追求中”。

建设教育强国，必须坚持国际视野，加大对全球人才的培养和使用力度，开创教育对外开放新格局。2021 年 9 月 27 日，习近平总书记在中央人才工作会议上发表重要讲话，指出“中国发展需要世界人才的参与，中国发展也为世界人才提供机遇。必须实行更加积极、更加开放、更加有效的人才引进政策，用好全球创新资源，精准引进急需紧缺人才，形成具有吸引力和国际竞争力的人才制度体系，加快建设世界重要人才中心和创新高地”。

当今世界科技的竞争、教育的竞争归根到底是人才的竞争，教育强国也是人才强国和创新强国。美国经济霸权、科技霸权的背后，是源源不断的“外智”“外脑”。与之相比，中国虽然正在迎头赶上，但无论是国际生源还是赴华学者，都较之逊色不少。随着人口增速的下降，中国要加大对国际人才的吸引力度，扎实推进共建“一带一路”倡议，加强与共建国家教育合作和文化交流，全面提升来华留学生质量，鼓励开办中国特色海外国际学校，并在出入境、社保、就业、创业等方面提供优惠保障措施，使我们培养的人才不但能学有所成，还愿意留下来参与到中国式现代化建设进程中，实现真正的聚天下英才而用之。

国运兴衰，系于教育。国家安全，始于课堂。习近平总书记指出，教育是民族振兴、社会进步的重要基石，是功在当代、利在千秋的德政工程，对提高人民综合素质、促进人的全面发展、增强中华民族创新创造活力、实现中华民族伟大复兴具有决定性意义。建设教育强国是中华民族伟大复兴的基础工程。纵观历史长河，教育与国家安全、民族复兴的关系从未有一刻像现在这般紧密。在经历了 70 多年的跨越式发展后，继往开来的中国教育，唯有不忘初心、牢记使命，朝乾夕惕、砥砺奋发，博采众长、兼容并蓄，才能办好人民满意的教育，聚天下英才而用之，才能走在建设教育强国服务民族复兴的康庄大道上，驶入保障国家安全助力大国崛起的伟大征程中。

“长风破浪会有时，直挂云帆济沧海。”勉哉中国教育，勇往直前！壮哉中国教育，步履铿锵！

参 考 文 献

1 中共中央宣传部、中央国家安全委员会办公室编:《总体国家安全观学习纲要》,学习出版社、人民出版社2022年版。

2 教育部课题组编:《深入学习习近平关于教育的重要论述》,人民出版社2019年版。

3 周洪宇、李宇阳:《建设教育强国》,中国青年出版社2022年版。

图书在版编目（CIP）数据

教育与国家安全 / 总体国家安全观研究中心，中国现代国际关系研究院著 . -- 北京：时事出版社，2025.4. --（总体国家安全观系列丛书）. -- ISBN 978-7-5195-0573-8

Ⅰ . G52；D631

中国国家版本馆 CIP 数据核字第 2025AJ2212 号

出版发行：时事出版社
地　　址：北京市海淀区彰化路 138 号西荣阁 B 座 G2 层
邮　　编：100097
发行热线：（010）88869831　88869832
传　　真：（010）88869875
电子邮箱：shishichubanshe@sina.com
印　　刷：北京良义印刷科技有限公司

开本：787×1092　1/16　印张：18.25　字数：180 千字
2025 年 4 月第 1 版　2025 年 4 月第 1 次印刷
定价：78.00 元